EVA-MARIA BAST | MIKE DURLACHER

Bochumer Geheimnisse

SPANNENDES AUS DEM RUHRGEBIET
MIT KENNERN DER STADTGESCHICHTE

WAZ

Bast, Eva-Maria; Durlacher, Mike
Bochumer Geheimnisse – Spannendes aus dem Ruhrgebiet
mit Kennern der Stadtgeschichte

WAZ in Kooperation mit:
Bast Medien GmbH, Münsterstr. 35, 88662 Überlingen
(verantwortlich)
1. Auflage 2018
ISBN: 978-3-946581-46-8

Herausgeberin: Eva-Maria Bast
Ressortleitung: Heike Thissen
Lektorat: Sabine Wagner
Bildredaktion: Magdalena Stoll
Covergestaltung: Jarina Binnig, Cornelia Müller, Melanie Kunze
Layout: Homebase – Kommunikation & Design, Jarina Binnig
Grafik: Maps4News & HERE (Karte)
Satz: Melanie Kunze
Druck: Mohn Media Mohndruck GmbH

Ein Titel aus der preisgekrönten Reihe *Geheimnisse der Heimat*

Inhalt

Vorwort

Bücher über Bochum gibt es viele. Das ist kein Geheimnis. Aber ein Buch über Bochumer Geheimnisse, das ist einzigartig. Die Autoren Eva-Maria Bast und Mike Durlacher lüften auf den folgenden Seiten gleich 50 Stück. Immer geht es dabei um kleine Geschichten mit großem Aha-Effekt, um den Blick für das Besondere im Alltäglichen.

Die *Bochumer Geheimnisse* sind aber viel mehr als ein Stadtführer, der Touristen Lust auf Bochum machen soll, die sich abseits von Starlight Express, Bergbaumuseum, Jahrhunderthalle, Schauspielhaus, Musikforum oder Ruhrstadion tummeln wollen. Das Buch richtet sich durchaus auch an Insider und Heimatverliebte, die stets auf der Suche nach verborgenem Wissen sind.

Eva-Maria Bast und Mike Durlacher haben wochenlang in Bochum recherchiert, sind selbst mit offenen Augen durch die Stadt gegangen und haben manche Kuriosität entdeckt. Unterstützt wurden die Autoren bei ihrer Spurensuche in Bochum von stadtbekannten Bochum-Kennern und WAZ-Lesern. Auch WAZ-Kulturredakteur Jürgen Boebers-Süßmann gab wichtige Tipps, die unter anderem überraschende neue Einblicke in sogenannte „alte Hüte“ gewähren.

Ein Beispiel: Tausende Menschen gehen und fahren täglich am Bochumer „Terminal“ vorbei. Nur die wenigsten aber dürften wissen, dass die aus vier riesigen Stahlplatten bestehende Skulptur des

US-amerikanischen Künstlers Richard Serra begehbar ist. Das aber ist längst nicht alles.

Wer sich ins Innere begibt, blendet nicht nur den Lärm der Kreuzung vor dem Bochumer Hauptbahnhof ein Stück weit aus, sondern erfreut sich beim Blick nach oben eines ganz besonderen Eindrucks: „Was nämlich kaum ein Bochumer weiß“, sagt Boebers-Süßmann, „und was man auch nur erkennen kann, wenn man in der Skulptur steht und nach oben blickt, ist, dass die Stahlplatten zu einem perfekten Quadrat ausgerichtet sind.“ An Tagen mit blauem Himmel und wenigen weißen Wolken verwandele sich Bochums berühmteste „Pinkelecke“ dank der Schattenspiele im Inneren in einen nahezu mystischen Ort, schwärmt der Kultur-Kollege.

Mein Lieblingsgeheimnis ist die Streichelmaschine vor dem Ruhrstadion. Das Kunstwerk des Bildhauers Cornelius Kolig war mir überhaupt nicht bekannt. Schade, dass der Motor kaputt ist. Die Geschichte indes ist ein schönes Beispiel für den Nutzen, den dieses Buch der Bochumer Geheimnisse hat: Wissenswertes vor dem Aussterben zu bewahren.

Auch Oberbürgermeister Thomas Eiskirch nutzt die Gelegenheit und erzählt als einer der vielen Geheimnispaten die Geschichte von der Glocke im Foyer des Anneliese-Brost-Musikforums Ruhr. Ihre Inschrift ist dem Bochumer Katholikentag von 1949 gewidmet: *Gerechtigkeit schafft Frieden*. Was den OB besonders freut, ist, dass die Glocke im Ton „b“ erklingt. „B wie Bochum“, sagt Eiskirch.

Liebe Leserin, lieber Leser, gehen Sie den nicht alltäglichen Geheimnissen Bochums mithilfe dieses Buches auf den Grund. Lassen Sie sich ein auf die Geschichte und Geschichten unserer Stadt. Und wenn Sie selbst noch ein Geheimnis lüften wollen, dann schreiben Sie uns: redaktion.bochum@waz.de

Herzlichst, Ihr

Thomas Schmitt
Redaktionsleiter der WAZ Bochum

Die Autoren

Eva-Maria Bast, Jahrgang 1978, arbeitet seit 1996 als Journalistin. 2011 gründete sie mit Heike Thissen das Redaktionsbüro „Büro Bast & Thissen", das 2013 in „Bast Medien" überging. Sie initiierte und schreibt die Buchreihe *Geheimnisse der Heimat*, die 2011 startete, rasch zu einem regionalen Bestseller wurde und die 2018 in 53 Bänden vorliegt. Sie wurde für ihre Arbeit mehrfach ausgezeichnet, unter anderem erhielt sie mit dem Südkurier für die *Geheimnisse* den Deutschen Lokaljournalistenpreis der Konrad-Adenauer-Stiftung. Von Eva-Maria Bast liegen auch belletristische Werke vor - zwei Krimis und mehrere zeitgeschichtliche Romane. Unter anderem schrieb sie mit Jørn Precht unter dem Pseudonym Charlotte Jacobi das Buch *Die Villa am Elbstrand* das im Herbst 2018 bei Piper erscheint. Eva-Maria Bast ist Gastdozentin an der Hochschule der Medien in Stuttgart und lebt mit ihrer Familie am Bodensee.

Mike Durlacher, Jahrgang 1989, ist in Rielasingen-Worblingen im Kreis Konstanz aufgewachsen und hat in Konstanz British and American Studies und Geschichte studiert. Nach seinem Abschluss volontiert er seit 2016 bei „Bast Medien GmbH", schreibt und fotografiert für diverse Tageszeitungen. Er arbeitet bereits im zweiten Jahr als Autor für die *Geheimnisse der Heimat* mit, ist in seiner Freizeit begeisterter Zeichner, Bastler und vergräbt sich gerne in historischer Fachliteratur, vor allem die Frühe Neuzeit hat es ihm angetan. Mike Durlacher lebt in Meersburg am Bodensee.

FIEGE

Streichelmaschine

Kurbel mit erotischem Hintergrund

Erotik? Würde man mit dem rostigen Metallteil sicherlich nicht in Verbindung bringen. Ebenso wenig wie ein (unerotisches, sondern tröstendes oder einfach liebevolles) Streicheln. Tatsächlich ist das merkwürdige Gebilde, das aussieht wie eine riesengroße Kurbel, aber genau das: Es streichelt einen, wenn es nicht gerade kaputt ist, und es soll die, die sich zu zweit an es heranwagen, dazu bringen, Bewegungen auszuführen, die an den Geschlechtsverkehr erinnern. Was hat es damit auf sich? Jürgen Boebers-Süßmann, Kultur-Redakteur bei der WAZ, kann aufklären: „Das ist eine Streichelmaschine", sagt er. Ein Kunstwerk, das 1979/80 im Rahmen des 1. Bochumer Bildhauersymposiums aufgestellt wurde und das der Hand des österreichischen Performancekünstlers Cornelius Kolig entstammt. Das ist der, der den Kulturpreis der Stadt Villach mit der Kneifzange entgegennahm. Nicht, weil er ihn nicht haben wollte, sondern weil der Überreichende – der österreichische Landeshauptmann Jörg Haider (1950-2008) – ihn zuvor „Fäkalkünstler" genannt hatte.

Die von Kolig geschaffene und in Bochum aufgestellte Streichelmaschine steht auf einer schweren Marmorplatte, und in dieser befindet sich ein Fußabdruck, in den ein Männerfuß bequem hineinpasst. Jürgen Boebers-Süßmann stellt seinen Schuh hinein und stellt fest: „Passt." Wer kleiner ist, kann auch auf den Männerschuh steigen, der aus der Platte herausragt. Nun den Rücken an die Kurbelwelle drücken, und dann geht's los: Die Streichelmaschine fängt an zu streicheln. Oder besser: Sie fing an zu streicheln. „Sie funktioniert leider nicht mehr, was natürlich sehr dazu beiträgt, dass sie in Vergessenheit gerät", erklärt der Journalist. „Tausende gehen auf dem Weg ins Stadion achtlos an ihr vorbei." Jürgen Boebers-Süßmann bedauert das sehr. Ohnehin findet er, dass die Kunst im öffentlichen Raum in Bochum viel zu sehr vernachlässigt werde. Er sagt: „Kunst hat auch eine Würde, heißt

Jürgen Boebers-Süßmann würde sich gerne von der Streichelmaschine den Rücken kraulen lassen. Aber die Streichelmaschine streichelt nicht mehr. Außerdem regnet es!

es. In Zeiten wie diesen, wo es kaum für temperiertes Wasser in den Schwimmbädern reicht, wird ihr offenbar nicht mal mehr das zugestanden."

Die oben geschilderte Nutzung der Streichelmaschine ist die für Einzelpersonen, die sich hier den Rücken kraulen lassen wollten. Kommen wir zur Nutzung für zwei, mit der sich Claudia Posca in einem Aufsatz über die Streichelmaschine befasst hat: „Cornelius Kolig hat seinen ‚Warteraum mit Streichelmaschine' ganz in der Tradition seines existentialistisch-performativen Denkens, für Mann und Frau konzipiert. Heißt: Lehnt sich der Mann erst einmal in oben beschriebener Weise an die Kurbelwelle an, soll die Frau, frontal auf ihn zutretend und ihm zugewandt, ihr linkes Bein zwischen seine leicht geöffneten Beine schieben und dabei gleichzeitig in den zweiten Fußabdruck in der Bodenplatte treten", beschreibt sie. Wenn der Elektromotor den Mann, durch Drehung der Wellenachse, vor- und rückwärts bewege, deuteten „Mann und Frau dicht voreinander stehend" eine „Kopulationsbewegung" an. Ohnehin, schreibt Posca, scheue der österreichische Aktionskünstler keine Tabus, und seine Werke seien nicht selten „von oft sexueller Drastik und harter Obsession".

Diese Kurbel vor dem Stadion gibt Rätsel auf.

In Bochum ist all das wegen des kaputten Motors ohnehin Geschichte. Einsame können sich hier nicht mehr den Rücken streicheln lassen. Und Mann und Frau können durch die Bewegung der Maschine keine Kopulationsbewegung mehr andeuten. Die Streichelmaschine steht still. Und wirkt ganz und gar unerotisch.

Eva-Maria Bast

So geht's zur Steichelmaschine:

Die Streichelmaschine steht in der Castroper Straße direkt vor dem Stadion.

Uli Auffermann setzt seinen Fuß auf eines der Fundamente.

Fundamente 02

Schwere Lasten an dünnen Seilen

Wie auf eine Perlenschnur gereiht, ziehen sich die grünen Flecken über Felder und Wälder. In gleichmäßigen Abständen führen sie durch das Lottental südlich der Ruhr-Universität Bochum. Am einen Ende der „Perlenschnur" befindet sich ein großer Steinbruch, am anderen Ende die Ruhr. „Es sind die überwucherten Fundamente einer Seilbahn", erklärt der Fotograf und Journalist Uli Auffermann, der mehrere Bücher über die Geschichte Bochums geschrieben hat. Eine Seilbahn – das klingt erst einmal merkwürdig. Denn mit dieser Seilbahn wurde ganz offensichtlich kein Berg erklommen oder eine touristische Attraktion angefahren. Schließlich ist weit und breit kein Berg zu sehen: „Mit der Seilbahn wurden keine Menschen transportiert, sondern Kohle von der damaligen Zeche Klosterbusch dort drüben", bestätigt Auffermann und zeigt in Richtung Norden zu dem markanten Steinbruch, wo sich auch noch ein paar der früheren Betriebsgebäude befinden. Und plötzlich kann man es sich bildlich vorstellen, sieht sie förmlich vor sich, die schwebenden Loren mit ihrer schwarzen Fracht.

Die Zeche Klosterbusch wurde 1918 in Betrieb genommen. Doch ihr Start war alles andere als einfach. Denn als sie gegründet wurde, tobte noch der Erste Weltkrieg, Arbeitskräfte waren knapp, Material und Maschinen Mangelware, mit Bezugsscheinen waren diese nicht zu bekommen. Daher tat sich die Zeche mit der „Westfälischen Schachtbau AG“ zusammen. Die Firma war von der Kaiserlichen Regierung als kriegswichtig erklärt worden und hatte deshalb die so dringend benötigten Maschinen und die Arbeitskräfte zur Verfügung.

Doch damit war keineswegs alles gut: Ein weiteres Problem der jungen Zeche bestand darin, dass die Kohle nicht von besonders hoher Qualität war und kaum Stückkohle gewonnen werden konnte. Die herrschende Kohleknappheit sorgte trotzdem für guten Absatz. Und als 1926 die englischen Bergleute streikten und deutsche Kohle stark nachgefragt war, konnte sich die Zeche Klosterbusch endgültig etablieren.

Man klaubte sich also Arbeiter, Maschinen und Material zusammen und konnte mit einer Spitzenbesetzung von über 1.300 Bergleuten dem Boden sein teures Gut abringen. Die ersten beiden Schächte — zuvor wurde noch im Tagebau gefördert — verschwanden nicht senkrecht im Boden, sondern tonnlägig, wie der Fachausdruck dafür ist. „Das heißt, dass der Schacht schräg in die Erde nach unten führte“, weiß Auffermann, der aus einer Bergmannsfamilie stammt. Das hatte den Vorteil, dass man dem Kohleflöz in seinem Verlauf im Erdinnern von Beginn an folgen und gleich gewinnbringendes Material fördern konnte. Bei einem senkrechten Schacht war das nicht möglich, da man erst nach unten und dann über Querschläge – der bergmännische Fachausdruck für einen Quergang – an die begehrte Kohle gelangte. Aber sechs Jahre nach der Eröffnung der Zeche folgte auch ein senkrechter Förderschacht.

Gefördert wurde auf der Zeche Klosterbusch hauptsächlich sogenannte Esskohle, mit der vornehmlich der heimische Ofen und

Backofen befeuert wurde. Und hier schließt sich der Kreis zu den Fundamenten, denn die Seilbahn wurde 1920 eigens gebaut, um die Esskohle an ihr Ziel zu bringen. Die Kohle schwebte nun die etwa zwei Kilometer lange Strecke von der Zeche, die am Fuße des Hügels „Kalwes" lag, über die Ruhr zur Kohlenniederlage auf der anderen Flussseite. Auf der linken Ruhrseite verlief die Ruhrtalbahn, mit der die Kohle weitertransportiert wurde. Auch die Aufbereitungsanlagen, die Kohlenwäsche, der Zeche Klosterbusch befanden sich hier.

Zunächst wurden die Stützmasten der Seilbahn aus Holz konstruiert, denn so kurz nach dem Krieg war noch nicht genug Geld für Stahl vorhanden. Erst 1926 konnten sie durch stählerne ersetzt werden. Jährlich wurden hier im Schnitt etwa 300.000 Tonnen des begehrten Rohstoffes aus der Erde geholt.

Damit die Kohle nicht unnötig von den Loren in Transportkübel umgefüllt werden musste, hängten die Bergleute die Loren einfach kurzerhand direkt an die Seile. Und das taten sie bis zur Schließung der Zeche 1961.

Ach, und übrigens: Der Steinbruch hinter der Zeche wurde dazu genutzt, alte Männer zu verfüllen. Mit alten Männern sind dabei mitnichten Senioren gemeint, sondern alte Schächte, die keinen Einsatz mehr fanden. Durch das Verfüllen verhinderte man das Einstürzen des Stollens. Und obendrein: Vorteile hatte die Vergrößerung des Steinbruchs auch. Es entstand mehr Raum für die Betriebsgebäude der Zeche an der Oberfläche. Und den konnte das prosperierende Unternehmen dringend brauchen.

Mike Durlacher

So geht's zu den Fundamenten:

Die Fundamente befinden sich zwischen der ehemaligen Zeche und der Ruhr, in der Nähe des Ruhrlandheims. Das Ruhrlandheim steht in der Straße Blumenau 94.

Ein wichtiges Relikt aus der Verkehrsgeschichte Bochums.

03

Straßenbahnrosette

Als „Teufelswerk“ misstrauisch beäugt

„Irgendwo habe ich eine gesehen“, sagt Dr. Hans Hanke grübelnd. „Ich weiß nur nicht mehr, wo. Aber es muss in der Stadtmitte gewesen sein und logischerweise an einem alten Haus.“ Was der profunde Bochum-Kenner sucht, ist eine Straßenbahnrosette, und die kann sich deshalb nur an einem alten Haus befinden, weil es sich um ein Überbleibsel aus der Vergangenheit, genauer aus dem Jahr 1894, handelt. Da es in der Bochumer Innenstadt nicht allzu viele alte Häuser gibt, ist die Suche schnell beendet: An der Hauptpost hängt sie – und kündet stumm von den Anfängen der Bochumer Straßenbahn.

In vielen Städten finden sich noch solche alten Straßenbahnrosetten: Sie wurden entlang der Bahnstrecke an den Häusern angebracht und hatten die Aufgabe, die Oberleitungen zu halten, die für den elektrischen Betrieb nötig waren. Der erste elektrisch betriebene Straßenbahnwagen rollte am 23. November 1894 durch Bochum – eine Sensation, denn „damals wurde hier der erste öffentliche Personennahverkehr im Ruhrgebiet eröffnet", sagt Hans Hanke. Die Straßenbahn fuhr – damals noch oberirdisch – von der Dorstener Straße (Kortländer) in Bochum zur Vinckestraße in Herne. „Als sie sich bei der Eröffnung wie von Geisterhand in Bewegung setzte, ganz ohne Mithilfe von Zugpferden, bezeichneten die älteren Bochumer und Herner Bürger das Schauspiel als ‚Teufelswerk' und ‚Hexerei', während die jüngeren Bürger ein solches ‚technisches Wunder' positiv bestaunten", beschreibt Richard Höwische in *Bochumer Zeitpunkte* die damaligen Reaktionen. Für die 6,8 Kilometer lange Strecke habe die Bahn 25 Minuten gebraucht. Ein Jahr später gründete sich die Bochum-Gelsenkirchener Straßenbahn AG (BOGESTRA), deren Netz bis 1900 auf über 50 Kilometer anwuchs, was, wie der ausgewiesene Bochum-Kenner sagt, nicht zuletzt an der erstarkenden Industrie lag. Die wuchs immer weiter, das Verkehrsaufkommen auch – und mit ihnen das Eisenbahn- und Straßennetz. Das ging nicht ganz problemlos vonstatten. Höwische schreibt: „Im dicht besiedelten Ruhrgebiet kreuzte sich der industrielle Schienenverkehr zunehmend mit dem Straßenverkehr und dem öffentlichen Personennahverkehr. So entstanden immer mehr und längere Verkehrsstaus, besonders mit der Autoindustrie in den 1960er-Jahren." Die Idee, Straßenbahnen in den Untergrund zu verlegen, um den Straßenverkehr zugunsten von Radfahrern, Fußgängern und Grünstreifen zu entlasten, war geboren. 1979 war es so weit: Zwischen dem Bergmannsheil und dem Hauptbahnhof wurde der erste Straßenbahntunnel in Betrieb genommen und in den folgenden Jahren bis Herne erweitert.

Hans Hanke freut sich: Nach einigem Suchen hat er die Straßenbahnrosette an der Gebäudefassade hinter sich entdeckt.

„Die Strecke, auf der zuvor der erste öffentliche Personennahverkehr im Ruhrgebiet entstanden war, wurde mit diesem Tunnel zur ersten unterirdischen Stadtverbindung Deutschlands", unterstreicht Hanke die Besonderheit. „Die U35 nahm die Strecke nach und nach in Besitz, die Strecke von Bochum nach Herne, die auf 31 Minuten angewachsen war, wurde auf 14 Minuten reduziert."

„Im dicht besiedelten Ruhrgebiet kreuzte sich der industrielle Schienenverkehr zunehmend mit dem Straßenverkehr und dem öffentlichen Personennahverkehr."

Die Tieferlegung der „wertvollen Bahnstrecke zwischen Bochum und Herne" habe nicht nur verkehrstechnische Probleme gelöst, auch Infrastrukturen der beiden Innenstädte hätten von dieser Entwicklung profitiert: „Fußgängerzonen entstanden, die durch zahlreiche Geschäfte belebt wurden, wie auch neue Wohnungen innerhalb der Stadtzentren. Die örtliche Wirtschaft wurde angekurbelt und die beiden Nachbarstädte enger aneinander geführt", sagt Hanke. Allein: Die kleine Straßenbahnrosette hatte – ebenso wie ihre Mitstreiterinnen – lang schon ausgedient. Und da viele der alten Oberleitungshalterungen im Zuge der Zerstörung im und nach dem Zweiten Weltkrieg Teil der Trümmerberge wurden, gibt es kaum noch solche Exemplare in Bochum zu sehen.

Einsam ist es um die kleine Rosette geworden. Könnten sich Straßenbahnrosetten lautstark freuen – diese hier würde deshalb über die Tatsache, dass Hans Hanke sie entdeckt und ihr für ein paar Minuten etwas Gesellschaft geleistet hat, bestimmt laut und vernehmlich jubeln.

Eva-Maria Bast

So geht's zur Straßenbahnrosette:

Sie hängt an der Hauptpost.

Gerhard Nötzel kennt die Geschichte hinter diesen Steinen.

04

Hochzeitssteine

Vereint bis in den Tod

Sie sind irgendwie romantisch. Und das, obwohl es um ein unromantisches Thema geht: um Gräber nämlich und um den Tod. Gemeint sind die sogenannten „Hochzeitssteine" vor der Christuskirche in Langendreer, sechs an der Zahl. „Sie haben erst mal nichts mit Hochzeit zu tun", sagt Bochum-Kenner Gerhard Nötzel. Zumindest nicht direkt – indirekt schon, denn wenn sich Brautleute in einer Kirche das Ja-Wort geben, sprechen sie folgendes Gelübde: „Ich verspreche dir die Treue in guten und bösen Tagen, in Gesundheit und Krankheit, bis der Tod uns scheidet."

Dem Tod gestatten, es zu scheiden, wollte das hier bestattete Ehepaar aber offensichtlich nicht: Die Hochzeitssteine heißen so, weil die Eheleute, die der Tod auseinandergerissen hat, im Grab wieder vereint sind. „Damit gehen sie sogar noch weiter als ‚bis der Tod uns scheidet'", sagt Nötzel.

Eine Besonderheit der Hochzeitssteine ist, dass sie in Form und

Gestalt identisch sind, als wären zwei Hälften wieder zusammengefügt worden. Diese Darstellung unterstreicht die Zusammengehörigkeit der Eheleute, sogar nach dem Tod.

Sechs romantische Geschichten ließen sich anhand der Hochzeitssteine in Langendreer erzählen, doch Nötzel hat es diese eine besonders angetan: Herman Oberschulte, gestorben am 18. Juni 1724, verheiratet mit Anna Schulten von Berg, gestorben am 18. April 1723, wird auf seinem Grabstein als *ehrenachtbar* bezeichnet. Er stammte vom Oberschultenhof, der am Ostrand des Dorfes lag, etwa dort, wo heute die Straße „Im Mühlenkamp" ist. Anna war laut dem Grabstein *ehr und Tugend sahme*. Der Name Schulte deutet übrigens darauf hin, dass das Ehepaar zur gehobeneren Bauernschicht gehörte, der Name leitet sich von Schultner ab, der seine Abgaben an das Kloster in Hohelimburg leisten musste.

Nötzel weiß, dass es sich lohnt, auch die Rückseite des Grabsteines zu betrachten: „Hier ist noch etwas eingraviert, das einen zum Nachdenken anregt." Und in der Tat macht der hier zu lesende Spruch nachdenklich: *Komm Sterblicher, betrachte miech. Du lebest heut, ich lebte auch auf Erden. Was du ietzt bist, dasz war auch ich. Was ich ietzt bin, kannst du auch heute werden. Du must hernach, ich bin vorhin. Drum gedenke nich in deinem Sinn, Dasz du nicht dürffest sterben.* Die Inschrift, die „vanitas", was Vergänglichkeit bedeutet, und „memento mori", also „bedenke, dass du sterblich bist", zum Ausdruck bringt, fordert einen geradezu auf, den Tag zu nutzen, also „carpe diem". Und das haben Anna und Herman sicherlich auch getan, als sie bei ihrer Hochzeit beschlossen haben, gemeinsam durchs Leben zu gehen.

Mike Durlacher

So geht's zu den Hochzeitssteinen:

Die Hochzeitssteine befinden sich vor dem Kirchturm der Christuskirche in Langendreer in der Alten Bahnhofstraße.

Er kann es zwar nur durch den Zaun betrachten, aber Stephan Haas freut sich trotzdem über das seltsame Ding, das da mitten auf der Wiese steht.

05

Hunt

Muskelschmalz und Eisenbahn

„Puh, das muss eine ordentliche Schinderei gewesen sein", sagt Stephan Haas und blickt von dem eigenartigen Gefährt hinüber zu dem schmalen Waldweg, der als Rauendahler Kohlenweg bekannt ist. Man mag es sich kaum vorstellen, wie den Männern der Schweiß den Rücken heruntergelaufen sein muss, wenn sie diesen Wagen, auch Hunt genannt, der mit bis zu 400 Kilo Steinkohle befüllt war, den etwa 1.600 Meter langen Weg entlangschoben und -zogen. „Diese Wagen wurden benutzt, um die Kohle von den vielen kleineren Zechen und Gruben hinunter an die Ruhr zu bringen", erklärt Haas und führt weiter aus: „An der Ruhr gab es dann eine sogenannte Niederlage, von wo aus die Kohle auf Ruhrschiffe verladen wurde." Niederlage hat dabei nichts mit einer verlorenen Schlacht zu tun, sondern bezeichnet einfach nur den Ort, an dem die Kohle zum Zwischenlagern niedergelegt wurde. Für den Transport wurden eben diese Wagen genutzt.

In dem Buch *Mineralogische und metallurgische Bemerkungen in Neuchatel, Franche Comté und Bourgogne im Jahre 1788* von Johann Jakob Ferber werden diese Wagen wie folgt beschrieben: „Nachdem die Kohlen zu Tage heraus sind, werden sie mit einem großen Hund auf einem ausgelegten Rollweg (englischer Kohlenweg genannt) [...] mittels eines Pferdes, nach dem Platz gefahren, wo sie abgeschwefelt werden." Weiter heißt es, der Wagen sei „der Hund, worauf 15 bis 20 Kuebel Kohlen geladen werden koennen, und die Raeder sind von gegossenem Eisen, welche sich mit der ganzen Achse unterm Wagen umdrehen." Bergab wurde die Geschwindigkeit mit dem gebogenen Hebel gedrosselt, der beide Achsen gleichzeitig bremsen konnte.

Wo man heute einen Spaziergang in die Natur genießen kann, mussten zahlreiche Männer einst hart arbeiten.

„Das muss ziemlich lustig ausgesehen haben, wenn jemand mit seinem ganzen Gewicht an dem Hebel hing und vorne noch jemand gegendrückte", schmunzelt der Bochum-Kenner. Damit das alles auch glattging, musste der Weg eben sein. Der Rollweg, von dem Ferber schreibt, war ein mit Brettern ausgelegter Weg, der extra angefertigt wurde, damit die Männer schneller und einfacher mit den Wagen vorankamen. Später wurden die Bretter, um den Verschleiß zu minimieren, mit Eisenbändern versehen, „welche mit hoelzernen Naegeln an einander auf hoelzernen Schwellen befestiget sind", wie Ferber erläutert. Er beschreibt einen weiteren Clou, der ebenfalls hier zum Einsatz kam: „Diese Raeder haben eine Fuge, damit sie nicht aus dem Geleise weichen moegen, und wo sich zwey Wagen begegnen koennen, sind Abschnitte und Einschnitte in den Leisten gemacht."

„Ebenjene Konstruktion macht diese Bahn hier südöstlich von Bochum-Linden zur ersten Eisenbahn Deutschlands", erzählt Haas stolz. Wer bei „Eisenbahn" zwingend an Dampfloks denkt, liegt zunächst falsch, denn eine Bahn ist zunächst nur ein Gefährt, das auf Schienen fährt, eine Eisenbahn eben auf eisernen Schienen oder einem eisernen Untergrund, der Antrieb spielt zunächst keine Rolle.

„Ebenjene Konstruktion macht diese Bahn hier südöstlich von Bochum-Linden zur ersten Eisenbahn Deutschlands."

Der Aufwand mit der Eisenbahn wurde betrieben, weil die Ruhr damals erst spät, seit 1781 um genau zu sein, durchgängig schiffbar gemacht worden war. Das ungehinderte Befahren des Flusses war auch deswegen wichtig, weil sonst bei jedem Umladen der Kohle diese mehr und mehr zerbröselte, die Kunden aber Stückkohle wollten. Denn jedes Mal, wenn die Ruhraaken, wie die Plattbodenschiffe auch genannt wurden, nicht weiterfahren konnten, musste das Schiff mühsam abgeladen werden, die Kohlen in Wägen geschüttet und dann, sobald die Ruhr wieder schiffbar war, wieder in eine Ruhraak umgeladen werden. Schweißtreibend war es also allemal, Buckel hinauf und Buckel hinab.

Mike Durlacher

So geht's zum Hunt:

Der Hunt steht gegenüber der Rauendahlstraße 61, hier kreuzt auch der Rauendahler Schiebeweg die Rauendahlstraße, ganz in der Nähe der Stadtgrenze von Bochum zu Hattingen, südöstlich von Bochum-Linden.

Seltsames Ensemble unter einer Brücke: Die viel zu hohe Lampe beleuchtet eine Weltkarte!

06

Karte

Eine Laterne leuchtet der Welt

Alex Schwegl bleibt unvermittelt stehen. „Wir sind da, hier ist es“, verkündet er. Das „Hier“ liegt unterhalb einer Eisenbahnbrücke an der Ecke Bergstraße/Nordring. Breit grinsend lehnt sich der Stadtführer gegen einen Laternenpfosten. Und in diesem Moment fängt man an zu stutzen. Der Laternenpfosten sieht komisch aus, anders als die anderen entlang der Straße. Schwegl blickt nach oben, man folgt seinem Hinweis, und nun fällt es einem wie Schuppen von den Augen: Der Laternenpfosten ist viel zu lang, er reicht bis zwischen die Stahlträger der alten Eisenbahnbrücke! Der Laternenkopf samt Schirm verschwindet zwischen den rostigen Trägern, den Spinnweben und den Weltkarten.

Moment! Weltkarten? Was sollten die unter einer Brücke zu suchen haben? Doch es gibt keinen Zweifel: Dort oben hängen, von der Laterne angeleuchtet, Weltkarten! Und zwar sowohl eine gewöhnliche und uns geläufige Version, in der Europa nördlich zentral auf der Karte verortet ist, als auch eine weitere, auf der der Pazifik den Mittelpunkt der Karte darstellt.

„Wie Sie richtigerweise vermuten, hat es hiermit eine Bewandtnis“, schmunzelt Schwegl und erzählt, dass es sich bei der Karte um eine Installation von 1991 des in Aachen geborenen bildenden Künstlers Norbert Radermacher handle. Die Weltkarten in Bochum gehören zur vierteiligen Installation „Weltkarten“ in Budapest, Temse, Koster und eben in Bochum. Für Radermacher ist die Stadt seine Leinwand, daher gestaltet er keine Monumente, die das natürliche Gefüge der Stadt stören, sondern er integriert sie in das Gesamtbild.

Alex Schwegl fiel die merkwürdig positionierte Laterne auf. Er blickte nach oben und machte eine spannende Entdeckung!

Der Künstler selbst erklärt, er wolle „etwas da lassen für alle, die dort ein- und ausgehen/oder für die, die ohne zu fragen finden können“. Auf die Bochumer Weltkarte wird man erst aufmerksam, wenn man sich wundert, warum der Laternenpfosten unter der Eisenbahnbrücke so hoch in die Brückenstreben hineinragt. Wegen ihrer Position und ihrer Höhe fällt sie auf und lenkt den Blick auf das Kunstwerk. „Gleichzeitig beleuchtet sie es nachts und verstärkt den Kontrast zwischen den weißen Landmassen und den schwarzen Ozeanen“, sagt der Stadtführer.

Die tiefere Bedeutung hinter dem Kunstwerk ist, umzudenken und zu hinterfragen, warum die Dinge so sind, wie sie sind, und sie nicht nur gedankenlos hinzunehmen. Die Karte, die den Pazifischen Ozean im Mittelpunkt zeigt, wirkt so ungewohnt, weil fast alle Karten zentral nördlich Europa zeigen. Der Eurozentrismus, also die Fokussierung auf Europa, zeigt sich aber nicht nur auf

Landkarten, sondern sowohl in Alltagsleben, Politik, Gesellschaft als auch Philosophie. Begriffe wie „Dritte-Welt-Land“ oder „Entwicklungshilfe“ zeugen davon, dass der wünschenswerte Zustand so ähnlich wie die europäischen Staaten ein soll. „Das zeigt eine Art von Überlegenheitsgefühl, das sich im Kapitalismus und Kolonialismus ausdrückt, aber schon viel älter ist“, verdeutlicht Schwegl. Das Gefühl findet sich schon in Johann Heinrich Zedlers Werk *Großes vollständiges Universal-Lexicon aller Wissenschafften und Künste* von 1741. Auch der Nahe, Mittlere und Ferne Osten haben als Referenzpunkt Europa. Viele Disziplinen in der akademischen Welt haben ihren Fokus in Europa oder „neoeuropäischen“ Ländern wie den USA oder Kanada. Und genau das will Radermacher aufzeigen und hinterfragen.

„Gleichzeitig beleuchtet sie nachts das Kunstwerk und verstärkt den Kontrast zwischen den weißen Landmassen und den schwarzen Ozeanen.“

Und die Lampe? Warum baut man eine derart hohe Laterne unter eine Brücke und hängt sie so hoch auf, dass sie im Grunde gar nichts mehr bringt? Schwegl hat auch dafür eine Erklärung: „Das ist Teil der Installation“, sagt er. Die Lampe bietet nicht nur eine schöne Beleuchtung, nein, sie ist durch ihren Laternenmast auch eine Art Blickleiter hin zu den Karten. Denn wer würde sonst unter einer Brücke schon nach oben schauen!

Mike Durlacher

So geht’s zur Karte:

Die Weltkarte befindet sich unter der Brücke bei der hohen Straßenlaterne an der Ecke Bergstraße/Nordring.

Volker Marquaß steht vor dem repräsentativen Eingang der Wasserburg.

07

Haus Kemnade

Ungewollter Uferwechsel

Trutzig und erhaben steht die Burg *Haus Kemnade*, umringt von Wassergräben, in denen sich die Silhouette der Ringmauern und Türme spiegelt. Es ist eine durchaus schöne Wasserburg, die sich einst nördlich der Ruhr befand. Moment! Nördlich? Haus Kemnade liegt doch südlich der Ruhr! „Aber eben nicht immer, erst seit 1486", erklärt Volker Marquaß, ehemaliger Geschäftsführer der Entwicklungsgesellschaft Ruhr (EGR), und freut sich über die Verblüffung seines Gegenübers. „Bis dahin konnte man die Burg noch trockenen Fußes von Stiepel aus erreichen, ohne über den Fluss zu müssen." Denn damals verlief die Ruhr noch südlich des Hauses Kemnade. Doch das Hochwasser Ende des 15. Jahrhunderts, welches das Ruhrtal hinabrauschte, zwang den Fluss in ein neues Bett. „Das ist dann der heutige Verlauf der Ruhr", so Marquaß. Jetzt lag der Fluss genau zwischen dem Dorf

Stiepel und der Burg! Es half nichts, künftig mussten die Stiepeler mit einer Fähre den Fluss überqueren, um zur Burg zu kommen. Und das bis 1928, denn erst da wurde die Kemnader Brücke gebaut. Die Fähre blieb aber noch bis 1960 in Betrieb.

Doch der Wechsel auf die andere Seite der Ruhr ist längst nicht das Aufregendste, was an diesem Ort in seiner jahrhundertelangen Geschichte passierte. Werfen wir einen Blick in die lange Vergangenheit, die schon 1393 mit der Errichtung des Vorgängerbaus unter der Federführung von Wennemar Dücker, einem Vasall des Fürstentums Lippe, beginnt. Die Dücker, genauer gesagt der Stiepeler Zweig dieses weit verästelten Adelsgeschlechts, waren seit 1266 im Besitz des Hauses und der Ländereien.

Die erste Erwähnung der Burg findet sich aber, als König Otto III. (980-1002) dem Grafen Liudger (950-1011) aus dem Hause der Billunger den „Hof Stiepel“ als Lehen übergab. Nachdem die Stiepeler Linie der Dücker ausstarb, kam die Burg an Dietrich von Romberg. Doch der hatte keine Söhne, nur eine Tochter, deren zukünftigem Gatten Herman von der Recke er die Heirat zusicherte, „mit dem Bedinge, daß wenn die Braut vor dem Beyschlaf versterben wuerde, Herman dennoch die Gueter erben, und bey Antretung derselben an ihn 600. Goldguelden auszahlen sollte“, wie Diederich Steinen in seiner *Westphaelischen Geschichte* schreibt. Diese Vereinbarung war für Herman praktisch, er würde die Ländereien erhalten, ob die Ehe nun zustande kam oder nicht. Und sie tat es nicht, das Mädchen verstarb, bevor die einander Versprochenen heiraten konnten. Von Romberg hielt sich an sein Versprechen und übergab die Ländereien als Hermann von der Recke volljährig wurde. „Und unter der Herrschaft der Familie von der Recke kam es zu der verhängnisvollen Flut, die die Burg das Ufer wechseln ließ“, stellt Volker Marquaß den Zusammenhang her.

An der Baumgrenze floss früher die Ruhr.

Und noch eine weitere Katastrophe ereilte das Gebäude unter den Herren von der Recke: 1589 brannte Haus Kemnade beinahe völlig ab, nur noch der Rundturm in der südöstlichen Ecke blieb erhalten. Aber schließlich wurde sie ab 1602 von der Familie wiederaufgebaut und sogar erweitert.

Unter anderem dienten auch Steine aus der nahe gelegenen und im Zerfall befindlichen Burg Blankenstein dem Wiederaufbau. Nach weiteren Erbgängen ging das Haus Kemnade über die Familie von Syberg an Wilhelm Friedrich von Berswordt-Wallrabe (1804-1880). Der verlegte alles, was im Haus Kemnade nicht niet- und nagelfest war, auf seinen Sitz ins Haus Weitmar. Doch dieses wurde am 13. Mai 1943 während des Zweiten Weltkriegs von Brandbomben zerstört. Damit ging auch das ganze Kemnader Inventar verloren. „Schlussendlich verkaufte die Familie Berswordt-Wallrabe das Haus Kemnade an die Stadt Bochum", so Marquaß. „Kurios dabei ist, dass die Hauptburg der Stadt gehörte, die Vorburg aber der ‚Wasserbeschaffung Mittlere Ruhr'", erzählt er weiter. Das kam daher, dass die zunächst zentral geregelte Wasserversorgung regional organisiert wurde. Aber seit April 2004 befindet es sich gänzlich im Besitz der Stadt Bochum. Auch interessant ist, dass das Haus zwar der Stadt Bochum gehört, aber eigentlich auf Hattinger Gebiet liegt.

Das Haus Kemnade ist einfach nicht kleinzukriegen, weder durch wandernde Flüsse noch durch Brände, hamsternde Besitzer oder mehrere Herren gleichzeitig.

Mike Durlacher

So geht's zu Haus Kemnade:

Das Haus Kemnade befindet sich etwa einen Kilometer südlich von Stiepel, gleich hinter der Kemnader Brücke.

08

Schriftzug

Seit über 100 Jahren kein neuer Farbanstrich

Wichtige Kooperations- und Handelspartner spielen in der Werbung eine große Rolle. Das war schon im Jahr 1902 so – und in der allseits bekannten Bochumer Jahrhunderthalle gibt es etwas, das daran erinnert. Konzertbesucher haben eine echte Chance, es zu entdecken. „Man muss allerdings exakt wissen, wo es ist. Und dann muss man sehr, sehr, sehr genau hinsehen, sonst findet man es nicht", sagt Dr. Hans Hanke, der in Bochum so etwas wie ein wandelndes Lexikon zu allem, was mit der Stadtgeschichte zu tun hat, ist. „Sehen Sie, hier kann man es noch ganz schwach erkennen. Hier steht *Frankreich* und dort *Belgien*", sagt er und deutet auf die Schrift hoch oben an den Stahlträgern nahe an der Decke. „Man kann es nur deshalb noch sehen, weil die Halle seit über 100 Jahren nicht gestrichen wurde – zum Glück." Die Schrift, sagt Hanke, erinnere an den Nutzungszweck, den die Halle früher hatte – als sie noch in Düsseldorf stand. „Denn die gesamte Halle, wie wir sie jetzt hier sehen, ist umgezogen", berichtet er. „1902 stand sie auf der großen Industrie-Ausstellung." Errichtet vom Bochumer Verein, der sich für diese Ausstellung etwas ganz Besonderes hatte einfallen lassen. „Weil der Bochumer Verein ja für seinen Glockenguss so berühmt war, ließ er für die Ausstellung eine Halle bauen, die wie eine gotische Kirche aussah – mit Glockenturm", erzählt der Bochum-Kenner und Verfasser zahlreicher Bücher über seine Heimatstadt. „Und die Länder,

Der Schriftzug: Frankreich.

Der Schriftzug Belgien *erinnert daran, dass der Bochumer Verein auch mit Belgien Handel trieb.*

in die die Glocken und andere Produkte des Bochumer Vereins exportiert wurden, hat man dann hier oben an den Stahlträgern angeschrieben. Darunter stand die zu bestaunende Exportware."

Von vornherein war die Halle so konzipiert, dass sie sich leicht wieder abbauen ließ und nach Bochum umziehen konnte. „Leider wurden die kirchenartige Fassade und der Kirchturm in Bochum nach dem Umzug nicht wieder errichtet", bedauert Hanke. Platz für die neue Halle hatte man eigentlich nicht, zumal diese sich über eine Fläche von fast 9.000 Quadratmetern erstreckt und deshalb nicht einfach so dazwischengeschoben werden konnte. „Man hat sie deshalb über die bestehenden Gebäude drüber gebaut, dafür wurde das Gelände ein bisschen angehoben", sagt Hans Hanke. „Unter der Halle befinden sich noch Überbleibsel dieser alten Bauten."

„Sehen Sie, hier kann man es noch ganz schwach erkennen."

Als das Werksgelände um 1990 aufgegeben wurde, sollte das Gebäude zunächst abgerissen werden, doch es regte sich Widerstand in der Bochumer Bevölkerung. Die Halle wurde unter Denkmalschutz gestellt und 2003 in ein Kulturzentrum umgewandelt.

Musiker aus Frankreich und Belgien treten hier sicherlich auch das eine oder andere Mal auf. Vielleicht fühlen sie sich angesichts der Schriftzüge dann hier ganz besonders zu Hause. Vorausgesetzt natürlich, dass sie sie überhaupt entdecken.

Eva-Maria Bast

So geht's zum Schriftzug:

Die Jahrhunderthalle steht im Stadtteil Stahlhausen im Westpark. Die Schriftzüge kann man entdecken, wenn man in der Halle 1 von der Südwand aus Richtung Norden schaut. Sie befinden sich etwa in der Mitte an den Stahlträgern nahe der Decke.

Tattersall: Die goldenen Lettern kann man englisch oder auch in Platt aussprechen.

09

Tattersall

Edle Pferde, rockige Klänge und krachende Kegel

Da steht es geschrieben, in großen Lettern: *Tattersall.* Edel hebt sich die goldene Schrift von der strahlend weißen Jugendstilfassade ab. Eine Antwort auf die Frage, was denn ein Tattersall ist, was er mit Pferden zu tun hat und warum das Wort hier so groß geschrieben steht, findet sich bei dem Müllheimer Stephan Haas, der das Wort auch lokalspezifisch zu betonen imstande ist: „Im Ruhrpott spricht man das nicht englisch aus, wie man es eigentlich müsste, sondern schön derb, wie es geschrieben steht." Ein Tattersall, erklärt er, sei im Grunde eine Reithalle, benannt nach einem Engländer, der eben so hieß: Tattersall – weswegen man das Wort ja eigentlich auch englisch aussprechen müsste.

Richard Tattersall (1724-1795), der den Spitznamen „Old Tatt" hatte, war der Begründer der gleichnamigen Pferderennsportdynastie. Dabei arbeitete sich der Pferdenarr vom einfachen Stallburschen zum Stallmeister und Pferdetrainer von Evelyn Pierrepont (1711-1773), dem zweiten Duke of Kingston-upon-Hull, hoch. Er gründete am Hyde Park in London einen Stall, in dem zahlungsfähige Pferdenarren ihre geliebten Vierbeiner unterbringen und pflegen lassen konnten. Auch wurden Pferde verliehen und verkauft, zusätzlich konnte man Pferde- und Reitzubehör erstehen. Es kamen Gesellschaftsräume hinzu, in denen sich bald die Londoner High Society traf, um Wetten abzuschließen. Mit diesem Geschäftskonzept verdiente sich Tattersall eine goldene Nase, besaß er doch zusätzlich noch das beste Pferd des 18. Jahrhunderts: „Highflyer" stammte direkt von zwei der drei ersten englischen Vollblüter ab. Mit Pferderennen, von denen „Highflyer" kein einziges verlor, strömten enorme Geldsummen in Tattersalls Säckel. Später setzte er das Tier als Zuchthengst ein, 50 Guineen kostete eine Deckung, das sind heute etwa 52 Pfund, was damals viel Geld war, ein Tagelöhner hätte dafür beinahe 20 Jahre arbeiten müssen.

Was hat der Schriftzug Tattersall *mit Pferden zu tun?*

Aber zurück nach Bochum: Zu der Zeit, als Tattersall in England seine Reithalle und sein Wettbüro betrieb, bestand das Ruhrgebiet noch aus vielen, sehr kleinen und verschlafenen Orten. So hatte Bochum um 1800 nur etwa 1.600 Einwohner in 402 Häusern. Doch als die Industrie und der Bergbau im 19. Jahrhundert in das Gebiet einzogen, explodierte die Einwohnerzahl. Und neben der Ar-beit wollten die Leute auch unter-halten werden. „Das waren zwar fast nur Arbeiter, die hatten kein Geld für gehobenere Kultur", sagt Haas. Aber in der Stadt lebten auch Honoratioren, Fabrik- und Bergwerksbesitzer sowie Unternehmer, und die wünschten solche Einrichtungen sehr wohl. In Essen spendete zum

Beispiel Friedrich Grillo (1825-1888), der Gründer der „Schalker Eisenhütte Maschinenfabrik GmbH“ und der „Gelsenkirchener Bergwerks-AG“, das Grundstück und zwei Drittel der Baukosten für das Stadttheater. „Und in Bochum gründete sich eben der Tattersall Reitverein“, schildert Haas die Entstehung der Einrichtung. Dieser befand sich zunächst auf dem Hof der Familie Backwinkel bei Ehrenfeld. Als das Gebiet aber bebaut wurde, verlegten die Vereinsmitglieder ihre Reitbahn in den eigens dafür errichteten Tattersall. Neben der Reithalle, von der ein rampenförmiger Weg in die unterirdischen Ställe mit Platz für bis zu 50 Pferde führte, gab es eine offene und eine geschlossene Tribüne und eine weitere für Musiker. Räume für die Reitlehrer waren ebenfalls vorhanden. Und ganz nach Richard Tattersalls Vorbild am Hyde Park in London verfügte auch der Tattersall in Bochum über ein Clubzimmer für die gehobenere Gesellschaft.

Nach dem Zweiten Weltkrieg wurde der Tattersall als Kino und als Rock-'n'-Roll-Kneipe genutzt, der große Saal dann ab 1960 als Bowlingbahn – die erste in ganz Deutschland. Hieraus ging auch der erste deutsche Meister im Bowling hervor, Olaf Köster. Und noch heute sausen die Kugeln an der Stelle, an der früher die Pferde trabten, die Bahn hinunter.

Mike Durlacher

So geht's zum Tattersall:

Der Tattersall befindet sich in der Herner Straße 36.

Gert Hille weiß, dass diese Glocke einst für große Aufregung sorgte.

10

Glocke

Ein Wutanfall und harmonisches Geläut

Diese Glocke ist nicht zu übersehen: Groß, mächtig und prächtig steht sie vor dem Rathaus. Jeder kennt sie, und sie ist auch ein beliebter Treffpunkt. Aber ein Geheimnis? Hat sie, wie Gert Hille, Architekt, einstiger Stadtplaner und obendrein Mitarbeiter der WAZ, weiß – und dieses Geheimnis ist er durchaus bereit zu teilen. „Wir stehen hier vor einer der Glocken, die der Gründer des Bochumer Vereins 1867 bei der Weltausstellung in Paris präsentierte." Sie ist das Ergebnis eines jahrelangen Streits, eines erbitterten Wettbewerbs, ein ungeheurer Triumph und Auslöser eines Wutanfalls, der sich gewaschen hat. Der Reihe nach: Im ausgehenden 19. Jahrhundert gibt es im Ruhrgebiet zwei Männer, die beide eine Passion haben: Stahl. Der eine ist Halbwaise, sein Vater hat ihm eine überschuldete Firma hinterlassen. Der andere ist ein junger Uhrmacherlehrling, bei dem das teure Material, das aus England kommt, dessen Rezeptur die Engländer aber nicht verraten, eine starke Faszination auslöst. Er beobachtet seinen Lehrmeister dabei, wie er eine zerbrochene Stahlzange einschmilzt und in eine Form gießt. Die Idee erachtet er als genial, und viele Jahre später wird sie ihm als Erfinder des Stahlgusses zu Weltruhm verhelfen – und zu der riesigen Glocke führen, die nun in Bochum vor dem Rathaus steht. Der erste Mann ist Alfred Krupp (1812-1887), der zweite Jacob Mayer (1813-1875). Der eine lebt in Essen, der andere in Bochum. Beide reisen sie nach England, um in den dortigen Firmen, heute würde man sagen, Werkspionage zu betreiben. Sie wissen nichts voneinander. Noch nicht. Doch sie werden sich kennenlernen!

Die Glocke vor dem Rathaus erinnert an ein denkwürdiges Ereignis.

Zurück in Bochum versucht Mayer sein Glück: Stahl nach englischem Vorbild will er gießen und das gelingt ihm auch. Derweil hat es Alfred Krupp geschafft, das von seinem Vater gegründete Unternehmen auf Erfolgskurs zu bringen. Er prägt Münzen, formt Besteck, lebt für das Unternehmen, macht seine Frau Bertha unglücklich, deren künstlerische Seele in der Villa auf dem Werksgelände nach Kultur dürstet. Ob er nicht mal mit ihr ins Konzert gehen wolle, fragt sie, und er sagt, die Geräusche der Fabrik, das sei seine Musik.

Bei Mayer hingegen läuft es nicht wirklich gut. Doch dann braucht die Königlich Preußische Armee Kanonen – und Mayer hat eine Idee: Wenn man die dafür benötigten Rohre nicht schmieden, sondern gießen würde, würde man ungemein viel Zeit gewinnen. Mayer schreibt nach Preußen, preist seine Idee an und stellt sie als wesentlich weiter entwickelt vor, als sie tatsächlich ist. Nun wird Krupp auf ihn aufmerksam und tut die Idee als Bluff ab. Das könne nicht funktionieren, sagt der große Krupp, und dem großen Krupp glaubt man. Seine Stimme hat Gewicht im Gegensatz zu der des kleinen Jacob Mayer aus Bochum. Den Wettlauf um den preußischen Auftrag gewinnt Krupp, doch Mayer gibt und gibt nicht auf. Fieberhaft arbeitet er an seiner Idee weiter. Sein Erfolg steht und fällt mit der Form, in die er den Stahl gießt. Denn wenn Stahl erkaltet, zieht er sich zusammen, und deshalb muss sich die Form mitbewegen und sich der Bewegung des Materials beim Erkalten anpassen. Mayer tüftelt und tüftelt und tüftelt – und dann: der Durchbruch! Er hat eine Mischung aus Ton, Eiweiß und Sand gefunden, die elastisch ist. Wenn man die innen mit einer Mischung aus Graphit, Kohle und Wasser bestreicht, entsteht eine Oberfläche, von der sich das Werkstück auch wieder gut lösen lässt. Mayer und seine Mitarbeiter sind Feuer und Flamme. Doch die Aufträge gehen alle an Krupp. Und dann die Idee, die endgültig zum Durchbruch verhilft: Kirchenglocken müsste man herstellen! Doch sein Umfeld – die Firma ist inzwischen eine Aktiengesellschaft – ist davon nicht überzeugt. Kirchenglocken? Die müssen ja nicht nur gut aussehen, sondern auch gut klingen! Das würde doch eine totale Überforderung für die Firma darstellen, so die Skeptiker. Niemals könne man das erreichen. Doch Mayer wischt alle Bedenken fort, macht sich ans Werk und hat Erfolg – heute hängen Bochumer Kirchenglocken auf der ganzen Welt (siehe Geheimnis 33). Und eine ganz besondere steht eben vor dem Rathaus. Darauf ist auch Gert Hille stolz. Und nun nähern wir uns auch bald dem eingangs versprochenen Wutanfall: Jacob Mayer präsentiert seine Glocke nämlich voller Stolz auf der Weltausstellung in Paris – und sie wird gebührend bestaunt. „Die Glocke war die Attraktion auf der Weltausstellung“, erzählt Gert Hille. „Und das passte Krupp natürlich gar nicht!“ War er doch der König des Stahls, war er doch immer derjenige gewesen, der bestaunt wurde. „Und deshalb hat er in aller Öffentlichkeit erklärt, Mayer sei ein Scharlatan, ein Betrüger, ein Hochstapler“, schildert Gert Hille die Ereignisse auf der Weltaus-

„In aller Öffentlichkeit – die durch den Streit natürlich noch größer geworden war – war Mayer nun der Sieger, und er selbst hatte sich bis auf die Knochen blamiert.“

stellung. Es sei unmöglich, aus Stahl eine derart große Glocke in einem Guss herzustellen, begründet Krupp seine Behauptung. Da schwillt auch Mayer der Kamm. Ein Betrüger zu sein, das will er sich nicht vorwerfen lassen! Und er stellt unter Beweis, dass er die Wahrheit sagt – ebenfalls vor und in aller Öffentlichkeit. Vor den Augen des Preisgerichts lässt er sie zerschlagen, einschmelzen und wieder aushärten. Nun kann ihm niemand mehr nachsagen, er habe betrogen! Sein Heimweg gleicht einem Triumphzug. Obendrein hat man ihm auch noch die Goldmedaille verliehen. Und die bekommen nur die Besten – die Allerbesten. „Krupp hatte das Gegenteil von dem erreicht, was er wollte", erzählt Gert Hille die Geschichte zu Ende. „In aller Öffentlichkeit – die durch den Streit natürlich noch größer geworden war – war Mayer nun der Sieger, und er selbst hatte sich bis auf die Knochen blamiert." Sein Konkurrent hatte etwas möglich gemacht, von dem er, der König des Stahls, behauptet hatte, es sei unmöglich.

Am Ende hat Krupp aber doch gesiegt – wenn man so will: In den 1960er-Jahren kaufte der Konzern den Bochumer Verein auf. Aber die Glocke, die stolz und groß vor dem Rathaus steht, erinnert wie viele andere an den großen Erfinder des Stahlgusses Jacob Mayer. Und all die Glocken, die in Bochum gegossen wurden, klingen – im Gegensatz zu dem großen Streit – ausgesprochen harmonisch!

Eva-Maria Bast

So geht's zur Glocke:

Sie steht unübersehbar direkt vor dem Rathaus am Willy-Brandt-Platz 2 6.

Hinter diesen Fenstern sind die schweren Glocken beheimatet.

11

Glockenturm

Geläut mit bewegter Geschichte

Heute läuten sie in trautem Einklang – doch das war nicht immer so. Die Glocken im Turm der Christuskirche in Langendreer haben eine bewegte Geschichte hinter sich. Sie wurden versteckt, verbuddelt, geraubt, wiedergefunden – und nicht zuletzt beflügelten sie die Fantasie manch eines Heimatkenners.

Mit ihrem Gewicht von knapp 1,4 Tonnen und einem Durchmesser von 1,28 Metern ist die Glocke „St. Urban" die größte. Die mittlere, „St. Johannes", misst mit ihren 1,2 Tonnen 1,19 Meter im Durchmesser, und „St. Marien" bringt es mit ihren 850 Kilogramm auf stattliche 1,1 Meter. „Das Ensemble ist das älteste mittelalterliche Geläut in Westfalen", weiß Gerhard Nötzel, der im „KulTurm", dem „Verein zur Förderung der Musik der evangelischen Gemeinde Langendreer", aktiv ist.

„Die kleinste Glocke ist die älteste“, beginnt er zu erzählen. Sie trägt die Inschrift *Sancta maria vocor Benedicta sit creatrix et gubernatrix onu sancta et individua trinitas Jhsctx. anno dni m°cccc°xci°.* Zu Deutsch: „Heilige Maria werde ich genannt; Schöpferin und Herrscherin über alle; heilige und ungeteilte Dreifaltigkeit; Jesus Christus; im Jahre des Herrn 1491“. Schon seit Ende des 15. Jahrhunderts also ist St. Marien für Lagendreers Gläubige im Einsatz. Sie musste aber nicht lange allein im 1388 renovierten Turm zum Gebet rufen. „Nur 46 Jahre nach St. Marien kam mit St. Urban die größte Glocke hinzu“, erzählt Nötzel. Sie trägt die Inschrift *Urban bin ich genant wan ich rope komet to hant gevet gade lof ere und dank. Anno m°d°xxxviii,* was „Urban werde ich genannt; wenn ich rufe, kommet her; gebet Gott Lob, Ehr und Dank; im Jahre 1537“ bedeutet. Interessanterweise ist diese Inschrift nicht lateinisch, sondern deutsch. Auch wurde die Formel „anno domini“ für „im Jahre des Herrn“ nicht mehr verwendet. „Das könnte mit der langsam um sich greifenden Reformation zusammenhängen“, versucht der Bochumer zu deuten. Zwar schreibt Johann Diederich von Steinen in seinem Werk *Westphaelische Geschichte mit vielen Kupfern. Dritter Theil* von 1757 Folgendes: „Im Jahr 1554 ist Johan Schmid Pastor hieselbst gewesen und hat die Reformation angefangen, welche sein Sohn und Nachfolger Gert Schmid, Faber oder Fabricius, wie er sich auch nennet, recht zu Stande gebracht hat.“ In Urkunden wird dieser Johann Schmid schon 1532 in Langendreer erwähnt: „Pastor Johanne Smyth zu Langendryer“ habe am 2. Mai 1532 von Elbert von Holte einiges aus dessen „Lyndemannsgut“ gekauft. Er hat also schon früher in Langendreer gewirkt und anders, als von Steinen schreibt, vielleicht schon früher reformatorischen Einfluss gehabt, was die veränderte Inschrift erklären könnte.

Auch die dritte Glocke „St. Johannes“ trägt eine deutsche Inschrift, nämlich *Johannes bin ich genant gade dem herren wan ich rope so kommet to hant gevet gade lof er unde dank anno d°m°d°li°,* also „Johannes werde ich genannt Gott dem Herren; wenn ich rufe, kommet her; gebet Gott Lob, Ehr und Dank; im Jahre 1551“. Nach Diederich von Steinen gehört die Kirche „mit unter die schönen auf dem Lande“, und die Glocken finden ebenfalls Erwähnung: „Der

Thurm, welcher mit einer schönen Spitze gezieret, und mit 3 grossen Klocken versehen."

Doch das nun komplette Glockenterzett konnte nicht immer ungestört läuten. Die erste überlieferte Störung des Glockenfriedens soll sich 1388 ereignet haben. Sie stellt sich bei genauerem Studium aber als Falschmeldung heraus. Zwar beschreiben die Heimatforscher Emil Tetzlaff und Karl Heinz Alberts in ihren Heimatbüchern über Langendreer, dass die Kirche 1388 im Zuge der „Großen Dortmunder Fehde" zerstört worden sei. Mehrere Fakten sprechen jedoch dagegen – zum Beispiel dass die erste Glocke erst im Jahr 1491 aufgehängt wurde. Urkunden, dass Dortmunder Truppen zu jener Zeit in Langendreer waren, gibt es nicht. Zwar standen die Langendreer Herren Dietrich und Wessel von Drere auf der Seite der märkischen Partei, die gegen Dortmund ins Feld zog, aber zu Kampfhandlungen in Langendreer kam es nicht. 1599 hingegen muss es sehr wohl Zerstörungen gegeben haben, als die spanische Soldateska im Zuge des Spanisch-Niederländischen Krieges (1568-1648) in Langendreer wütete. Bereits 1586 verheerten die Spanier Lütgendortmund und schlugen in Bochum ihr Lager auf, „um von da plündernd sogar bis nach Hamm hin zu streifen" – wie es der Historiker Max Jäckel überliefert. Aber bereits 1605 konnte in Langendreer wieder normal Gottesdienst gefeiert werden, das Dorf war also glimpflich davongekommen. Auf Kirchengeläut musste es dabei aber verzichten. Denn gesichert scheint, dass die Langendreer nach den Verwüstungen von 1599 ihre Glocken in Sicherheit bringen und verbuddeln konnten. Als sich die Lage nach 1630 wieder beruhigt hatte, gruben sie sie wieder aus der Erde aus und brachten sie zurück in den Turm. Einer Legende nach wurden sie aber im selben Jahr wieder bedroht – doch wie das Legenden so an sich haben, ist auch diese Geschichte nicht wahr. Der Historiker Max Jäckel dichtet 1908 in seinem Buch *Dorf und Rittersitz Langendreer in alten Zeiten und in*

Gerhard Nötzel vor dem Glockenturm.

der Gegenwart Lütgendortmund einen Angriff kaiserlicher Truppen an, die das Dorf verwüsten und die Glocken rauben. Er kennzeichnet das Ereignis aber klar als Legende. Und die geht gut aus: Die Langendreerer unter der Führung des Schlosswartes können die Truppen einholen, die Glocken zurückerobern und verstecken. Hier konnte der Heimatforscher Tetzlaff nachweisen, dass es in Lütgendortmund weder Glocken noch einen dazugehörigen Glockenturm gab. Auch einen Burgvogt kann es nicht gegeben haben, denn das Schloss in Langendreer „lag seit der Zerstörung durch die Spanier wüste", wie Tetzlaff schreibt.

Und dann kam der Zweite Weltkrieg: Wie das ganze Ruhrgebiet als Rüstungszentrum des Dritten Reiches wurde auch Langendreer von den alliierten Bomberverbänden angegriffen. Dabei trafen und beschädigten sie auch die Christuskirche. Doch die Glocken blieben zunächst heil. Gegen Ende des Krieges blühte „St. Urban" und „St. Johannes" aber das gleiche Schicksal wie vielen anderen Glocken in der Nazi-Zeit. Sie sollten zerschlagen, eingeschmolzen und für die Rüstung verwendet werden. Nur „St. Marien" verblieb in der Kirche. Doch das Kriegsende kam rasch und setzte der nationalsozialistischen Herrschaft ein Ende. Kirchmeister Gerdes machte sich auf die Suche, und tatsächlich: In einem Sammellager in Lünen fand er die beiden geraubten Glocken und konnte die britische Besatzungsmacht überzeugen, sie zurück in das Dorf zu bringen. 1947 hingen alle drei nun endlich wieder an ihrem Platz. „Und seitdem rufen die Glocken ungestört die Uhrzeit aus und die Gläubigen in den Gottesdienst", sagt Gerhard Nötzel und schaut hinauf zu den altehrwürdigen Glocken in diesem altehrwürdigen Turm.

Mike Durlacher

So geht's zum Glockenturm:

Die Glocken befinden sich in der Christuskirche in Langendreer in der Alten Bahnhofstraße.

1777
Altes Brauhaus
FIEGE

Jahreszahl

Bochumer Braukunst mitten in der City

Gemütlich sieht es schon aus. „Unter dem Baum im Biergarten vor dem Haus lässt es sich gut aushalten", bestätigt der Bochum-Kenner Christoph Nitsch und setzt sich auf eine Bank. Aushalten lässt es sich an diesem Plätzchen schon lange, denn das „Alte Brauhaus Rietkötter" steht seit Jahrhunderten an Ort und Stelle. Die Jahreszahl an der Fassade ließe vermuten, dass das Haus 1777 fertiggestellt wurde, doch das, weiß Nitsch, ist nicht korrekt: „Das Haus ist noch wesentlich älter." Die Jahreszahl muss also auf etwas anderes hindeuten, was aber nicht genau bekannt ist, vielleicht ist es das Jahr, in dem das Fachwerk zum Schutz gegen Feuer verputzt wurde oder sonstige Baumaßnahmen vorgenommen wurden.

Dendrochronologische Untersuchungen des Holzes im Dachstuhl haben ergeben, dass das Haus mindestens seit 1630 an dieser Stelle steht. Es soll früher den Ostermanns, einer bekannten Bochumer Familie, gehört haben. Diese baute unter anderem 1655 die Pauluskirche. Ihr berühmtester Vertreter ist zweifelsohne Heinrich Johann Friedrich Ostermann (1687-1747), über den Friedrich der Große (1712-1786) schrieb: „Unter der Regierung Peters des Großen hatte sich in der Schule der Erfahrung ein Mann herausgebildet, der imstande war, die Last der Staatsgeschäfte unter seinen Nachfolgern zu tragen: Graf Ostermann. Als geschickter Steuermann", so schrieb Friedrich der Große, „lenkte er das Staatsschiff mit stets sicherer Hand durch die Stürme der Revolutionen." Ostermann, ist dem Bericht weiter zu entnehmen, „stammte aus der Grafschaft Mark in Westfalen und war von niedriger Herkunft. Aber die Natur teilt die Talente ohne Rücksicht auf den Stammbaum aus. Dieser Minister kannte Rußland wie Berheyn den menschlichen Körper. Er war vorsichtig und kühn, je nach den Umständen, und entsagte den Intriguen am Hofe, um sich die Leitung des Staates zu erhalten."

Christoph Nitsch hat sich unter dem großen Baum vor dem falsch bezifferten Haus niedergelassen.

Doch dem Alkohol entsagte er im Gegensatz zu den Intrigen offenbar nicht. Der Graf hatte während seines Studiums in Jena stark alkoholisiert einen adeligen Mitstudenten getötet und floh daraufhin nach Holland, wo er in die Dienste der russischen Marine eintrat und sich bis zum Premierminister und Großadmiral aufschwang. Doch wegen Unstimmigkeiten mit Zarin Elisabeth I. (1709-1762) wurde er schließlich nach Sibirien verbannt und starb dort nach fünfjährigem Aufenthalt 1747 einsam und verarmt.

Zum Zeitpunkt von Ostermanns Tod gehörte das Haus der Familie jedoch schon nicht mehr. Erst 1831 war das Gebäude, das damals noch die Nummer 258 trug, wieder in aller Munde. Nämlich dann, als Heinrich Dahm das Haus kaufte und dort eine Brauerei eröffnete. Er nannte seine Gastwirtschaft „Dahm bei der Pumpe", da sich in der Nähe die öffentliche Wasserpumpe befand. Doch sehr lange blieben die Dahms auch nicht hier, bereits Heinrich Dahms Sohn verkaufte die Brauerei 1865 an seinen Schwager Heinrich Fiege. „Der war allerdings nicht mit der berühmten Brauerei verwandt oder verschwägert", sagt Nitsch. Auch Heinrich Fiege führte das Haus nur kurze vier Jahre – bis zu seinem Tod. Eine seiner Töchter heiratete schließlich August Rietkötter, wodurch die Brauerei 1870 in seinen Besitz überging. Und so tauchte August Rietkötter auch im ersten Adressbuch für Bochum aus dem Jahr 1874/1875 auf. Hier wurde seine Brauerei unter der Klasse A II, was Kaufleute mit kaufmännischen Rechten bedeutete, gelistet.

Das Brauhaus mit der etwas irreführenden Jahreszahl.

Bekannt war die Brauerei für ihr Altbier, die Witwe von August Rietkötter, die Wirtschaft und Brauerei von 1896 bis 1905 leitete, für ihre Altbier-Erdbeer-Bowle. Altbier, das nur einen geringen Alkoholgehalt hat und etwas säuerlich schmeckt, eignet sich durch seine erfrischende Wirkung besonders für Bowlen an heißen Sommertagen. Die Entscheidung, Altbier zu brauen, war mutig. Denn die Bochumer Geschmäcker änderten sich, um die Mitte des 19. Jahrhunderts fanden sie Gefallen an untergärigem Bier nach bayerischer Brauart. Viele der kleinen Brauereien, die nur für ihre eigene Schankwirtschaft brauten, konnten mit den sich herausbildenden maschinenunterstützten Großbrauereien nicht mithalten, etliche Brauereien mussten schließen. Die wenigen, die blieben, bedienten die Nischen mit Spezialbieren oder Malzbieren und eben ihrem Altbier. Auch den Umschwung zu böhmischem Bier, den Pilsener Bieren, konnten die Kleinstbrauereien nicht mitmachen. Sie blieben ihrem Altbier treu.

Doch mit Bierbrauen war an diesem Ort 1943 Schluss. Wie viele andere Gebäude der Bochumer Innenstadt wurde das Sudhaus der Rietkötter-Brauerei von einer Bombe der Alliierten getroffen und völlig zerstört, glücklicherweise blieb die Gaststätte heil. Nach dem Krieg geriet das Gasthaus noch einmal in Gefahr. Es sollten breitere Straßen sowie größere, moderne Gebäude errichtet werden. Mit ihrer Toplage war die alte Brauerei im Weg. Doch ihre Besitzer konnten sich erfolgreich wehren.

Inzwischen ist das Brauhaus denkmalgeschützt. Und nach einem Pächterwechsel fließt hier seit 2016 wie schon im 17. Jahrhundert kühler Gerstensaft.

Mike Durlacher

So geht's zur Jahreszahl:

Das Brauhaus steht in der Großen Beckstraße 7, gegenüber der Propsteikirche St. Peter und Paul. Die Jahreszahl befindet sich zwischen den Fenstern des ersten Stockwerks.

Die Dampffördermaschine

13

Treibscheibe

Eine Erfindung geht tief hinab und hoch hinaus

Es muss ein beeindruckendes Bild gewesen sein: Mann neben Mann stehen die Bergleute in ihren Körben, mit denen sie in die Tiefe zu ihrer Arbeit gebracht werden. Auch Kohle wird auf diesem Weg transportiert. Die Körbe sind alle miteinander verbunden. Sie hängen an einem langen Stahlseil, das wiederum von einer Trommel auf- und abgewickelt wird. Doch die Sache hat einen Haken: Da Stahlseile immens schwer sind, haben die Trommeln sehr viel Gewicht – wodurch sie sich nur noch schwerfällig drehen oder unter ihrem eigenen Gewicht zusammenbrechen. Und: Je mehr Seil abgelassen wird, desto größer wird der Zug auf die Trommel. Deshalb kann das System nur bis zu einer gewissen Tiefe genutzt werden – kein sonderlich erbaulicher Zustand. Auch das Aufwickeln des Seils verläuft alles andere als reibungslos – im wahrsten Sinne des Wortes. Die bei dem Vorgang entstehende Reibung tut dem Seil nicht gut, ungleichmäßige Ladung und der ständige Ruck beim Anfahren und Abbremsen verschleißen es und können zum Reißen führen. Mit katastrophalen Folgen für die Maschine und vor allem natürlich für etwaige Bergleute, die dann ungebremst in den Körben in die Tiefe und den sicheren Tod stürzen.

Eine Lösung muss her, und von dieser Lösung kann der ehemalige Regionsvorsitzende des Deutschen Gewerkschaftsbundes und Kenner des Ruhrgebiets Heinz Rittermeier nicht nur erzählen, er weiß auch, dass man sie heute noch sehen kann, mehr noch, dass sie immer noch in Gebrauch ist. Die Rede ist von der Fördermaschine im Malakow-Turm der Zeche Hannover und der riesigen Treibscheibe, die Teil der Fördermaschine ist und die von einem ebenso riesigen Kolben angetrieben wird.

Als auf der Zeche Hannover von der ersten Tiefbausohle in 162 Metern Tiefe auf die zweite und dritte Tiefbausohle in 233 Metern und 304 Metern abgeteuft, also abgesenkt wurde, hatte der findige

Heinz Rittermeier und Lisa Weißmann vor der imposanten Treibscheibe.

technische Direktor der Zeche, Carl Friedrich Koepe (1835-1922), eine zündende Idee, sah er doch jedes Mal, wenn er über das Gelände der Zeche ging, die riesige Trommel im Malakow-Turm. Er überlegte sich, das Prinzip der Transmission, also der Kräfteübertragung, mittels eines Riemens auf die Förderung im Schacht zu übertragen. Das funktionierte – Achtung, jetzt wird's technisch – so: Um eine Treibscheibe – eben jene, die heute noch zu sehen ist – und Umlenkscheiben, die sich über dem Schacht befinden, wird ein Seil gelegt, dessen Enden beide in den Schacht führen. An jedem Ende des Seils hängt ein Korb. Es gibt noch ein weiteres Seil, das sogenannte Unterseil, das unterhalb der Körbe angebracht ist. Das Unterseil gleicht das Gewicht des Oberseils aus und macht das Seil zu einer geschlossenen Schleife. Daher nennt Koepe seine Erfindung, die er mit der Patentschrift 218 im Jahr 1877 als Patent anmeldet, auch „Seil ohne Ende". Die Reibung zwischen dem Oberseil und der Treibscheibe sorgt dafür, dass das Seil nicht durchrutscht und sich bewegt.

„Die Dampfmaschine, die die Treibscheibe antreibt, ist von 1893 und das älteste Exemplar, das im Ruhrgebiet an einem Originalstandort erhalten ist."

Mit diesem Prinzip wird die Abnutzung des Seils verringert, denn nun muss es nicht mehr auf die Trommel aufgewickelt werden und ist damit auch nicht mehr einer ständigen Reibung ausgesetzt. Durch die jetzt nur noch einmalige Umlenkung verringert sich auch die Abnutzung, ein weiterer Vorteil ist das Wegfallen der Gefahr von Schlaffseilbildung. Dies kann bei einer Seiltrommel passieren, wenn sich der Förderkorb verhakt, das Seil aber dennoch weiter abgewickelt wird. Dann löst sich der Korb und rauscht ungebremst in die Tiefe. Beim Koepe-Prinzip besteht diese Gefahr nicht.

„Die Dampfmaschine, die die Treibscheibe antreibt, ist von 1893 und das älteste Exemplar, das im Ruhrgebiet an einem Originalstandort erhalten ist", ergänzt Lisa Weißmann vom Industriemuseum des Landschaftsverbandes Westfalen-Lippe (LWL). „Was viele auch nicht wissen, ist, dass unter anderem erst mit dem Koepe-Prinzip der Aufzugbau in Hochhäusern so richtig möglich war", weiß Rittermeier. Kombinierte man das Koepe-Prinzip damit, dass man mehrere dünne Seile verwendete, die auch flexibler waren, konnte selbst dann ein freier Fall verhindert werden, wenn ein oder mehrere Seile rissen. Weitere Schritte zum Aufzug waren die Erfindung des Elektromotors durch Thomas Davenport (1802-1851) von 1835, denn vorherige Antriebe wie Dampfmaschinen oder Gasmotoren raubten viel Platz. Auch Wasserhydraulische Motoren waren, vor allem im Paris jener Zeit, in Verwendung, diese benötigten aber konstanten Wasserdruck, der nur von dampfgetriebenen Pumpen erzeugt werden konnte. Und schließlich fehlte für die erfolgreiche Einführung des Aufzugs noch die automatische Fallbremse, von ihrem Erfinder Elisha Graves Otis (1811-1861) 1861 patentiert, die unabhängig vom menschlichen Reaktionsvermögen durch eine Klemmautomatik den sicheren Tod verhinderte. So führte mit dem Koepe-Prinzip eine Erfindung aus dem Bergbau nicht nur in ungeahnte Tiefen, sondern auch in ungeahnte Höhen.

Wuchtig und trutzig: der Malakow-Turm der Zeche Hannover.

Mike Durlacher

So geht's zur Treibscheibe:

Die Fördermaschine mit dem Koepe-Prinzip befindet sich auf der Zeche Hannover in der Günnigfelder Straße 251.

14

Stern

Ein viel verwendetes Symbol

Etwas versteckt an einer Hauswand kann man es entdecken: Hell zeichnet sich das riesige Hexagramm gegen die dunkleren Ziegel der Mauer ab. Über die Bedeutung dieses Symbols an dieser Stelle wurde in Bochum viel gerätselt. „Die heutige Assoziation zu einem Hexagramm ist ja der Davidstern", erzählt Christoph Nitsch. Deshalb liegt die Vermutung nahe, dass dieses Haus einst einem Juden gehörte oder dass sich hier sogar eine Synagoge befand. Doch der Bochum-Kenner weiß, dass das Zeichen an dieser Stelle nichts mit dem Judentum zu tun hat. „Ursprünglich war das gar kein jüdisches Symbol", blickt er in die Geschichte des Hexagramms zurück. Erst 600 v. Chr. taucht es erstmals in einem jüdischen Kontext auf. Zuvor findet es sich als Zierde auch in Ägypten, China, Peru oder Japan.

Auch die in Bochum verschiedentlich kolportierte Version, dass das Hexagramm auf eine Brauerei hindeuten könnte, hat Nitsch untersucht. Ansätze dafür gab es durchaus. Schließlich steht in der Nähe die Rietkötter-Brauerei, und „das Hexagramm wird auch als Brauerstern bezeichnet, denn er war ein Zunftsymbol der Brauer", erzählt der Bochumer. Aber auch diese Spur erwies sich als falsch.

Schließlich findet Nitsch doch des Rätsels Lösung: „Es ist tatsächlich ein Freimaurersymbol. Wilhelm Seippel ließ es hier als Werbung anbringen." Seippel (1832-1906) betrieb in diesem Gebäude, damals hieß die Straße noch Altenmarkt, zunächst einen Eisenwarenhandel und später die nach ihm benannte Wilhelm Seippel GmbH, die Grubenlampen, besonders Benzin- und Karbidlampen, herstellte. 1919 wurde die Firma ein Tochterunternehmen der Concordia Elektrizitäts AG in Düsseldorf. Seippels Firma zog 1935 in die damalige Langestraße, die heutige Karl-Lange-Straße.

Dieser Stern hat schon manchen zum Grübeln gebracht. Christoph Nitsch kennt seine Geschichte.

Wilhelm Seippel war Freimaurer und Mitglied in der Bochumer Loge „Zu den drei Rosenknospen“. Die Firma warb sogar mit freimaurerischen Symbolen, auch zu sehen auf einem Jubiläums-Spezialkatalog von 1908. Die Loge „Zu den drei Rosenknospen“ wurde auf Veranlassung von Herzog Friedrich August von Braunschweig-Lüneburg (1740-1805) am 12. Dezember 1785 gegründet. Bis dato hatten die Freimaurer im Ruhrgebiet einen weiten Weg auf sich nehmen und bis nach Wesel reisen müssen, um zu ihrer Loge zu kommen. Auch wollte die große National-Mutterloge „Zu den drei Weltkugeln“ in Berlin mit der Gründung der sich von Frankfurt am Main ausbreitenden eklektischen Freimauerei entgegenwirken. Mit dieser reformatorischen Freimaurerei wollten sich deren Mitglieder von den ausufernden Ordenshierarchien und dem Diktat der englischen Großloge befreien.

Drei Jahre nach der Gründung der Loge in Bochum hatte sie 29 Mitglieder, 1804 waren es bereits 63. Nach einer Unterbrechung von vier Jahren durch die napoleonische Herrschaft nahm die Loge 1817 ihre Arbeit wieder auf und konnte 1874 bereits 100 aktive Mitglieder zählen. Die bisherigen Versammlungsorte reichten nicht mehr aus, ein eigenes Logenhaus musste her. Zu dessen Eröffnung erschien in der Wochenzeitung *Die Bauhütte*, dem *Organ des Vereins deutscher Freimaurer*, am 7. Oktober 1876 sogar ein Gedicht von Emil Rittershaus. Eine der Strophen lautet: „Im Bergmannsland ist Deine Heimathstätte. / Ein Bergmann ist der Maurer! In die Kammer, / Den Schacht des Herzens steigt er, mit dem Hammer/ Löst er den edlen Kern vom Schlackenbette.“

Etwas blass, aber gut zu erkennen: der Davidstern.

Der Bau verursachte Kosten in Höhe von 140.000 Reichsmark, die die Logenbrüder aufbringen konnten, weil sie eine Art Marketinggesellschaft für die Nutzung des Gebäudes gründeten, die „Gemeinschaft Concordia".

Die Loge blühte weiter, überstand den Ersten Weltkrieg und die Wirren der darauffolgenden Weimarer Republik. Doch mit dem Erstarken der Nationalsozialisten gerieten die Freimaurer in Bedrängnis. Die Loge wurde geschlossen und ihr Vermögen von der Gestapo konfisziert.

Während des Zweiten Weltkriegs wurde das Logenhaus in der Humboldtstraße 14 von Bomben getroffen und zerstört. Schon am 20. März 1946 stellten die Freimaurer bei der britischen Besatzungsmacht den Antrag, die Loge wieder eröffnen zu dürfen, was aber abgelehnt wurde. Doch 1947 erließen die Besatzer eine Verfügung, die die Eröffnung der Logen wieder erlaubte, und so nahmen die Bochumer Mitglieder schließlich am 6. April 1948 ihre Tätigkeit wieder auf, gebildet aus dem Zusammenschluss der Logen „Eiche auf roter Erde", „Hellweg" und „Zu den drei Rosenknospen". Zunächst trafen sich die Freimaurer in Herne, bis sie 1967 in die Räume der „Gesellschaft Harmonie" umzogen und schließlich im heutigen Logenhaus in der Yorkstraße 62 ihre Heimat fanden.

Die Freimaurerei hat die Stürme der Zeit überdauert, ebenso wie der Stern an der Hauswand. Wilhelm Seippel war Freimaurer – und stolz darauf.

Mike Durlacher

So geht's zum Stern:

Der Stern befindet sich auf der rückwärtigen Hauswand der Brückstraße 1.

Terminal

Der Himmel im Quadrat

Das Geheimnis offenbart sich im Inneren. Beim Blick nach oben. Und es ist vielschichtig. Der Ort – oder besser: das Kunstwerk, in dem es zu finden ist, ist in Bochum umstritten. Und es ist einer von Jürgen Boebers-Süßmanns Lieblingsorten. „Terminal" von Richard Serra aus dem Jahr 1977/79 übt auf ihn eine ungemeine Faszination aus – aber damit steht Jürgen Boebers-Süßmann ziemlich alleine da. „Als es aufgestellt wurde, ging ein regelrechter Aufschrei durch Bochum. Man kann nicht mal sagen, dass das Kunstwerk polarisierte", sagt der auf Kultur spezialisierte Journalist der WAZ. „Es war einfach so gut wie jeder dagegen."

Warum? „Aus verschiedenen Gründen", erklärt er. „Es ist gemeinhin nicht schön, wenn man sich nicht darauf einlässt, nicht darüber nachdenkt, dann sind es einfach nur vier Stahlplatten, die aneinander lehnen. Das wollten die Bochumer nicht, vor allem nicht die Arbeiter, die ohnehin jeden Tag mit dem Stahl zu tun hatten." Stattdessen, sagt Boebers-Süßmann, hätten sie sich etwas im eigentlichen Sinne Schönes gewünscht. Doch für ihn könnte es, wenn man das Geheimnis des Kunstwerks entdeckt, keine größere Schönheit geben. Keinen besseren Ort der Stille mitten auf dieser vom Verkehr umflossenen Insel. „Den Standpunkt hat der Künstler selbst gewählt – nahe des Hauptbahnhofs, und das passt." Es geht um Ankommen, um einen Endpunkt, das Ende einer Reise, wenn man so will, das zugleich der Anfang von etwas Neuem ist. „Richard Serra hat auch bewusst einen Ort gewählt, an dem sehr viel Trubel ist, es ging ihm nicht zuletzt darum, Kunst in die Stadt zu bringen."

Und nun stehen sie hier also, die vier riesigen Stahlplatten, und ragen in den Himmel. Nicht verlötet, nicht verschweißt, nur aneinander lehnend, denn „der Künstler hat sie so ausgerichtet, dass sie sich gegenseitig stützen und halten. Auch darum geht es. Um Aus-

Kunst spielt mit dem Himmel: Beim Blick nach oben präsentiert sich das Terminal als perfektes Quadrat.

tarieren, um Balance, um Stabilität, um das gegenseitige Stützen." Und wenn man dann in diese riesige Stahlkonstruktion hineingeht, die von vielen Bochumern als „Schandfleck" oder als „Pinkelecke" bezeichnet wird, dann, sagt Boebers-Süßmann, wird es mit einem Mal ganz still. Zwar ist der Verkehrslärm immer noch zu hören, aber viel weiter weg erscheint er nun, viel gedämpfter. Und dann offenbart sich das Geheimnis. „Was nämlich kaum ein Bochumer weiß und was man auch nur erkennen kann, wenn man in der Skulptur steht und nach oben blickt, ist, dass die Stahlplatten zu einem perfekten Quadrat ausgerichtet sind." Der Betrachter steht also in diesem Ort der Stille, blickt durch den rot gefärbten Stahl nach oben und sieht den Himmel im Quadrat. Wenn der dann noch blau ist und dann und wann eine weiße Wolke vorüberzieht, die das Licht verändert und ihre Schatten auf die Innenwände des Stahls wirft, dann wirke das Material auf einmal lebendig und warm. Als wolle es tanzen. „Das ist fast schon mystisch", sagt Boebers-Süßmann. „Inmitten des städtischen Getöses ist auch das ein Endpunkt. Der Endpunkt des Lärms." Und der Beginn der Stille. Unter dem Himmel im Quadrat.

Das umstrittene „Terminal" am Hauptbahnhof ist einer von Jürgen-Boebers-Süßmanns Lieblingsorten

Eva-Maria Bast

So geht's zum Terminal:

Es steht nordwestlich des Hauptbahnhofs auf einer Verkehrsinsel am Ostring.

Simone Gottschlich vor den Säulen, deren Rätsel sie lösen konnte.

16

Säulen

Träger einer dunklen Ideologie

Schnurgerade führt die Allee, der Freigrafendamm, auf das Portal des Zentralfriedhofs in Bochum zu. Schreitet man hindurch, befindet man sich auf einem großen, grünen Platz, auf dessen rechter Seite sich imposant die große Trauerhalle erhebt. Und gleich daneben, zwischen der Trauerhalle und weiteren Grabstätten, zwei Säulen, etwa drei Meter hoch und, weil sie so tief sind, eher wie Mauern als wie Säulen wirkend. Sie bilden eine Art Durchgang zu einem kleinen Platz, der völlig leer und schmucklos im gleichen Farbton wie die Gebäude gepflastert ist.

„Die Säulen stehen etwas verloren da", meint Simone Gottschlich, Stadträtin in Altenbochum, und findet: Der Symmetrie zuliebe müssten solche Säulen eigentlich auch auf der anderen Seite der Trauerhalle stehen. Aber was haben sie, Symmetrie hin oder her, überhaupt für einen Sinn? Und was für eine Funktion haben die

Metallteile, die auf den etwa drei Meter hohen Säulen montiert sind? „Ein bisschen sieht das Metall nach Regenrinnen aus, aber das wäre unsinnig", kommentiert die Stadträtin.

Um eine Antwort auf die Frage zu bekommen, warum die Säulen stehen, wo sie stehen, bedarf es eines Ausflugs in die Friedhofsgeschichte. Erbaut wurden die Gebäude – Eingangsbereich, Verwaltung, Trauerhalle und Krematorium – von 1935 bis 1941. Sie sind „das einzige vollendete und erhaltene Beispiel einer heroisch-faschistischen Staats- und Parteiarchitektur im Ruhrgebiet", wie Dr. Hans Hanke, Vorsitzender der Kortumgesellschaft, in einem Aufsatz über den *Freigrafendamm und seine NS-Bauten* schreibt. Architekten für dieses Ensemble waren der Bochumer Stadtbaurat Heinrich Timmermann (1892-1967) und sein Mitarbeiter Wilhelm Seidensticker. Timmermann wurde 1933 Stadtbaurat und war ein Nationalsozialist der ersten Stunde, trat er doch schon vor 1933 in die Nationalsozialistische Arbeiterpartei ein. Und tatsächlich war die gesamte Anlage von der Nazi-Ideologie durchdrungen. Neben den obligatorischen Hakenkreuzen in allen Varianten zeigte die Trauerhalle eine Vielzahl von nordisch-mythischen Symbolen, denen sich Timmermann verschrieben hatte. Auf den riesigen Fenstern der Einsegnungshalle, die im Krieg von einer Luftmine zerstört wurden, befanden sich zum Beispiel abstrakte Schlangen, die auf die Midgardschlange als Symbol für den Tod verwiesen. „Germanisch heißt Ausfluß der Seele des nordischen Mythos, der Glaube an den gestirnten Himmel über mir und das ewige Gesetz in mir", wie Hanke zitiert. Auf den Fenstern war auch ein Totentanz zu sehen, der Krieger wurde dabei durch einen uniformierten SA-Mann mit Hakenkreuzfahne symbolisiert. Christliche Symbole

Einst loderte in den Schalen auf den Säulen Feuer.

fehlten fast gänzlich, wie es im Nationalsozialismus üblich war. Diese Ideologie duldete nichts neben sich, sie beanspruchte die alleinige Herrschaft über die Welt und die Menschen und ihre Köpfe. Nur kleine Details täuschten über die atheistische Konzeption der Trauerhalle hinweg, etwa der Nimbus des SA-Mannes und die germanischen Kreuze. Eine Kanzel fehlte völlig.

Die Nationalsozialisten stellten sich vor, dass „die Germanen ohne Priester und Kirche in Einheit mit der Natur" gelebt hätten. Das „Christentum habe den ‚Nordischen Glauben' verdrängt, dessen Vorstellung aber in der deutschen Gotik und Mystik überdauert hätte, um letztlich im Nationalsozialismus neu aufzuleben", wie Hanke schreibt.

Und mit all diesem Wissen um die Ideologie, die den Bau inspiriert hat, dämmert einem so langsam die Funktion dieser beiden Säulen. „Es handelt sich bei ihnen nämlich um steinerne Sockel für zwei auf ihnen montierte Feuerschalen, die genau in das schreckensvolle Pathos der Nationalsozialisten passten", löst Gottschlich auf.

Auf dem Zentralfriedhof am Freigrafendamm brennt heute brennt kein Feuer mehr in den Schalen auf den beiden Säulen. Mahnend stehen aber noch die Gebäude, die längst, wie Hanke schreibt, „die nationalsozialistische Botschaft durch den demokratischen und christlichen Umgang mit den Bauten" verloren haben. Und die Säulen, die, ihrer einstigen Funktion beraubt, ebenfalls zum Mahnmal geworden sind.

Mike Durlacher

So geht's zu den Säulen:

Die Säulen befinden sich gleich rechts der großen Trauerhalle beim Eingang des Zentralfriedhofs am Freigrafendamm in Altenbochum.

SO. 17.12.17

Bühne

Erste Schritte im Leben eines Stars

„Hier war es", sagt Dr. Hans Hanke stolz, während er in der Kultkneipe „Mandragora" auf einer kleinen gemauerten Empore sitzt und einen Milchkaffee trinkt. „Auf dieser Bühne hat er sein erstes Konzert gegeben." *Er*, das ist in diesem Fall der Musiker Herbert Grönemeyer. Dass der aus Bochum kommt, ist kein Geheimnis. Zumal er ja noch eine Ode an seine Heimat schrieb, die viel besungen wurde: *Du bist keine Schönheit / vor Arbeit ganz grau / du liebst dich ohne Schminke / bist 'ne ehrliche Haut / leider total verbaut / aber grade das macht dich aus.* Bochum und Herbert Grönemeyer, das gehört einfach zusammen. „Dass im Mandragora sein erstes Konzert stattfand und sogar noch die Quittung für seine Gage über 500 Mark existiert, ist allerdings den wenigsten bekannt", sagt der Bochum-Kenner. Selbst das Klavier, an dem Grönemeyer seinerzeit konzertierte, habe lange Zeit noch dort gestanden, wo jetzt das neue seinen Platz gefunden hat. Wie viele der Menschen, die wie Hans Hanke hier sitzen und einen Kaffee trinken, wohl wissen, dass hier auf dieser Bühne die Erfolgskarriere Grönemeyers ihren Anfang nahm?

Der in Bochum aufgewachsene Grönemeyer singt schon als Schüler gern – im Schulchor des humanistischen Gymnasiums am Ostring, das er besucht. Die ersten „richtigen" Auftritte erfolgen am Schauspielhaus Bochum als Pianist und mit einer Band aus Wattenscheid. Bereits während seines Studiums der Musik- und Rechtswissenschaften an der Bochumer Ruhr-Universität, das er nach fünf Semestern abbricht, wird Grönemeyer 1976 musikalischer Leiter am Schauspielhaus Bochum, wo er auch als Schauspieler tätig ist. Drei Jahre später veröffentlicht er sein erstes Album, das seinen Namen trägt – und mit dem Preis für das hässlichste Cover des Jahres ausgezeichnet wird. Auch die nächsten Alben verzeichnen kommerziell keinen Erfolg. Schließlich ist es buchstäblich seine

Dr. Hans Hanke hat sich auf den Stufen der kleinen Empore niedergelassen. Er weiß, welche Berühmtheit hier ihr erstes Konzert gab.

Heimatstadt, mit der ihm der Durchbruch als Musiker gelingt: 1984 kommt das Album *4630 Bochum* heraus und macht Grönemeyer deutschlandweit bekannt. Eine Menge Sympathiepunkte sammelt er 1987, als er mit seinem Auftritt den Erhalt des Stahlwerks Reinhausen unterstützt. Nicht nur seine Taten, auch seine Texte zeugen von der Verbundenheit zu der Stadt, die ihn nachhaltig geprägt hat. Seit die inoffizielle Stadthymne *Bochum* um eine zusätzliche Strophe erweitert wurde, sind die Bochumer quasi ein direkter Teil seiner Musik geworden. Die fünfte Strophe wurde nämlich im Zuge eines medialen Aufrufs von einer Bochumerin komponiert.

„Auf dieser Bühne hat er sein erstes Konzert gegeben."

Obwohl Grönemeyer überwiegend in London lebt, ist die Liebe zur Stadt Bochum nie abgeflaut. Was die Menschen des Ruhrgebiets einzigartig macht, besingt er in seinem Lied *Komm zur Ruhr* . Hanke fasst zusammen: „Verlässlich, echt, direkt und gerade heraus sind nur ein paar Merkmale der Bochumer Seele." Dieser kann man noch heute im Mandragora nachspüren, im Gedenken an Grönemeyers ersten Auftritt sein Bier trinken und Musikgeschichte atmen. Und wenn sich anschließend der Appetit regt, kann man nebenan einen kulinarischen Klassiker genießen, den Grönemeyer ebenfalls besungen und in seinen Liedern verewigt hat: die Currywurst. Natürlich mit Pommes.

Eva-Maria Bast

So geht's zur Bühne:

Die Szenekneipe Mandragora befindet sich am Konrad-Adenauer-Platz 1. Auf der kleinen Bühne, auf der Grönemeyer seinen ersten Auftritt hatte, ist heute für Gäste eingedeckt.

Fehlende Säulen bedeuten fehlende Töne.

18

Steinharfe

Wohlige Klänge auf einem beliebten Platz

Christoph Nitsch kramt in seinem Geldbeutel, holt ein Zwei-Euro-Stück heraus und klopft damit oben auf eine der schwarzen Steinsäulen, Teil eines unscheinbaren Klotzes auf dem Husemannplatz. Und da! Ein Ton erklingt. Nicht etwa nur das Klicken vom Metall der Münze auf Stein, sondern ein richtiger Ton, schwingend, klar.

Der Stein, auf den er klopft, befindet sich auf dem Husemannplatz. Gleich vor der Gedenktafel zum Namensgeber des Platzes, Fritz Husemann (1873-1935), steht er, schwarz, massiv und schief. „Das ist hochdichter schwarzer Granit", weiß Nitsch.

Glattpoliert und mit vier Längs- und vier Querrillen versehen, ist der Stein etwa 90 Zentimeter hoch, hat eine Seitenlänge von rund 48 Zentimetern, und er hätte 25 Säulen, wenn nicht drei fehlen würden. Die obere Seite des Blocks ist nicht gerade, sondern von der einen Ecke diagonal zur anderen abfallend abgeschnitten, sodass zusammen mit den Rillen unterschiedlich hohe, kleine Säulen mit etwa einem halben Zentimeter Abstand zueinander entstehen. Auch haben diese „Mini-Säulen“ nicht alle denselben Querschnitt. Die mittleren neun sind quadratisch, jedoch fehlen eben drei, sodass sich in der Mitte nur sechs befinden. Die äußeren Säulen am Rand sind unterschiedlich rechteckig. Dort, wo die kleinen Säulen fehlen, steckt Müll in den Ritzen. „Es sind nicht nur die drei Säulen weg“, weiß Nitsch, „dem Stein fehlt noch ein weiteres Element.“ Und genau dieses Element ist der entscheidende Hinweis zur Lösung dieses mysteriösen Rätsels und der Frage, was dieser Stein eigentlich darstellen soll. „Es handelt sich um eine Steinharfe“, löst der Stadtkenner das Rätsel. Und das fehlende Element ist ein Schlägel, mit dem man auf dieser Harfe spielen konnte. „Aber schon zwei Tage, nachdem die Harfe aufgestellt wurde, wurde der Hammer gestohlen“, erzählt er. Wäre er noch da gewesen, hätte sich das Rätsel, was es mit dem unscheinbaren Granitblock auf sich hat, sicherlich leichter lösen lassen.

Christoph Nitsch klopft mit einem Geldstück auf diese Skulptur - und entlockt ihr damit sphärische Klänge.

„Die verschieden tiefen Rillen zwischen den Steinen und die unterschiedlichen Größen lassen, wenn man sie denn anschlägt, die Säulen auf unterschiedlichen Frequenzen schwingen“, erklärt Nitsch und spielt noch ein paar weitere Töne auf dem Stein. „Eine ganze Oktave kann man auf diesem Instrument erzeugen.“ Oder besser: Könnte man, wenn alle Säulen noch da wären, denn die drei fehlenden haben natürlich drei fehlende Töne zur Folge. „Die drei Säulen sind, wie der Klöppel, dem Vandalismus zum Opfer gefallen", bedauert Nitsch. Bleibt nur noch die Frage offen, warum die Steinharfe ausgerechnet hier steht. Hat sie vielleicht etwas mit Fritz Husemann (1873-1935) zu tun, wo sie doch auf dem nach ihm benannten Platz und auch noch direkt vor der Gedenktafel aufgestellt wurde? Fritz Husemann war Bochumer SPD-Abgeordneter im Preußischen Landtag von 1919 bis 1933 und ab 1924 sogar im Deutschen Reichstag. Er war außerdem ein führender Gewerkschafter des Bergarbeiterverbandes und wurde aufgrund seiner Parteizugehörigkeit und seiner Funktion in der Gewerkschaft von den Nationalsozialisten mehrmals verhaftet und schließlich ermordet. „Mit Husemann hat die Steinharfe aber nichts zu tun, es gibt hier keinerlei Verbindung", sagt Nitsch. Er verweist auf eine kleine Plakette am Boden der Steinharfe. Kaum leserlich steht dort *Spiel- und Erfahrungsstationen*, und mit diesem Hinweis kommt man der Geschichte nun auf die Schliche. Ein musikbegeisterter Bochumer hat dieses Instrument 2001 der Stadt gespendet und hier aufgestellt. Und so verdanken die Bochumer dem unbekannten Spender dieses tolle Instrument, das so viele Rätsel aufgibt.

Mike Durlacher

So geht's zur Steinharfe:

Die Steinharfe befindet sich auf der Westseite des Husemannplatzes bei der Tafel zum Gedenken an Fritz Husemann.

19

Schweißpunkte

Wo für den Ernstfall geübt wurde

„Daran erkennt man, dass es sich hier um keinen gewöhnlichen Gullydeckel handelt“, sagt Benedikt Gräfingholt und zeigt auf die Schweißpunkte, die besagten Deckel fest mit seinem Rand verbinden. In der Tat macht es nicht wirklich Sinn, einen Gullydeckel so fest zu verschließen – das widerspricht seinem eigentlichen Zweck. „Wir stehen hier direkt über dem ehemaligen Tauchschacht der Technischen Hochschule Georg Agricola“, erklärt der Koordinator für politische Angelegenheiten der Technischen Hochschule Georg Agricola. „Um zu verhindern, dass jemand hineinsteigt, ist der Gullydeckel verschweißt.“

Und damit hat es folgende Bewandtnis: Der Tauchschacht befindet sich im Innenhof der Technischen Hochschule, seit diese 1899 unter dem Namen Bochumer Bergschule in das Gebäude in der Herner Straße gezogen ist. „Damals war die Schule noch recht klein, etwa 300 Steiger, also Grubenbeamte, machten hier jährlich ihren Abschluss“, erzählt Gräfingholt. Ein wichtiger Teil der Ausbildung war die Grubenrettung: Bereits 1902 schrieb das Oberbergamt in Dortmund vor, dass „jede Schachtanlage im Bezirk mindestens zwei Personen nachweisen musste, die in der ersten Behandlung von Unfallverletzten ausgebildet waren“, und 1905 wurde an der Bergschule sogar eine eigene Abteilung für Taucherei und Rettungswesen geschaffen. Dem Reglement für Bergleute, das am 20. Oktober 1812 vom General-Bergwerkdirektor in Düsseldorf erlassen wurde, ist Folgendes zu entnehmen: „Wenn einer seiner Kameraden verunglückt, so ist es seine Pflicht alles Mögliche zur Rettung anzuwenden und dafür zu sorgen, dass der Knappschafts-Chirurg, der Knappschaftsälteste, Geschworene und der Bergarzt herbeigeholt werde. Sofort aber muss bis dahin alle zur Rettung dienliche Mittel mit aller Vorsicht und Behutsamkeit versucht und in folgenden Fäl-

Achtung! Benedikt Gräfingholt auf dem Gullydeckel über dem ehemaligen Tauchschacht.

len muss Nachstehendes beobachtet werden [...].“ „Nachstehendes“ beinhaltete die Versorgung des Verletzten, wobei auchSchnupftabak und Branntwein zum Einsatz kamen, die als belebend und kräftigend galten.

Der Alltag eines Kumpels aus dem Bergbau war alles andere als sicher. Vier Dinge galten als besonders gefährlich: Wetter, Gas, Steinschlag und Wasser. Mit „Wetter“ ist der Lufthaushalt im Bergbau gemeint: Die Versorgung mit Frischluft unter Tage ist das Frischwetter. Das Abwetter kann in mattes Wetter, böses Wetter und Schlagwetter unterteilt werden. Mattes Wetter ist einfach Luft, die schon zu verbraucht ist und zu wenig Sauerstoff enthält. Böses Wetter wiederum ist Luft, die zum Beispiel durch giftige Gase wie Schwefel oder Kohlenstoffmonoxid verunreinigt wurde und so beim Einatmen zum Ersticken führt. Und Schlagwetter schließlich ist eine hochexplosive Mischung aus Methan und Sauerstoff, die sich bereits beim kleinsten Funken entzünden kann.

Plötzliche Wassereinbrüche, sei es aufgrund eines Durchstichs beim Stollenvortrieb, durch Versagen der Pumpen oder einer Explosion, konnten für die Bergleute verheerend sein. Um eingeschlossene Kumpel zu retten, mussten ihre Kameraden in völliger Dunkelheit in die Stollen tauchen und sie herausholen. Die Ausrüstung dafür war um 1900 noch recht primitiv. Benutzt wurde das „Rouquayrol-Denayrouze“-Gerät. Zunächst war es als Atemgerät für mit giftigen Gasen verseuchte Luft in Stollen gedacht. Doch mit kleineren Umbauten konnte es auch als Tauchgerät verwendet werden: Der Taucher atmete dann Druckluft direkt über einen Schlauch, die verbrauchte Luft wurde über Ventile abgelassen. Diese direkte Beatmung nannte sich „das französische Modell“. Tauchergeräte, bei denen die Luft in den Helm geleitet wurde und der Taucher direkt aus dem Helm atmete, waren als „das englische Modell“ bekannt. Ab 1935 wurden die Geräte allerdings durch deutlich praktischere ausgetauscht, die wesentlich leichter zu bedienen waren.

Das Tauchen mit Atemgeräten erforderte einige Übung, schließlich waren sie ziemlich schwer und konnten sich überall verfangen. Das Austarieren war ebenfalls schwierig, von den Sichtverhältnissen unter Tage ganz zu schweigen. Kurzum: Wer sich in der Tiefe sicher fühlen und in der Lage sein wollte, einem Kumpel in höchster Not zu Hilfe zu eilen, brauchte Übung. Und genau dafür war der Schacht gedacht: „Um mit dem Gerät üben zu können, hat man den Tauchschacht gebaut", schließt Gräfingholt den Kreis und zeigt auf den Gullydeckel. Darin konnten die Retter den Umgang mit dem schweren Helm, das richtige Anbringen der Gerätschaft, die Orientierung unter Wasser und in Dunkelheit sowie die notwendige Atemtechnik üben. Neben der Rettung hatten die Taucher auch andere Aufgaben im Bergwerk, etwa den Pumpensumpf zu reinigen, der immer wieder verstopfte und nur von Bergleuten mit Atemgerät zu erreichen war. Allerdings wurden ihre Dienste nur bis 1910 benötigt. In diesem Jahr gründete sich in Bochum die Grubenwehr, und die Rettungsarbeiten waren damit professionalisiert.

„Um mit dem Gerät üben zu können, hat man den Tauchschacht gebaut."

Mit der Zeit wurde der Tauchschacht, in dem einst die Studenten lernten, wie sie im Ernstfall ihre Kumpel retten konnten, nicht mehr benötigt und verfiel zunehmend, schließlich war die Bausubstanz nicht mehr tragbar. Der Schacht wurde verschlossen – und zwar mehr als gründlich.

Mike Durlacher

So geht's zu den Schweißpunkten:

Der Gullydeckel mit den Schweißpunkten befindet sich im Innenhof der Technischen Hochschule Georg Agricola in der Herner Straße 45.

BELGIEN
BOLIVIEN
CHINA
EKUADOR
HAITI

Mosaik

Mahnmal gegen den Krieg

China, Brasilien, Belgien, Haiti, Griechenland: Das sind nur einige der Länder, die, geschützt von einer Plexiglasscheibe, an der Wand eines kleinen prächtigen Raumes geschrieben stehen – schwarz auf goldenem Grund. Was zunächst nach einer bunten Liste interessanter Urlaubsziele klingt, hat einen ganz anderen Hintergrund. „Das sind einige der insgesamt 25 Länder, die mit Deutschland während des Ersten Weltkriegs im Krieg lagen", erklärt Bochum-Kenner Christoph Nitsch. Beabsicht war, mit der Inschrift auf die Folgen des Versailler Vertrages und den damit verbundenen Gebietsverlusten hinzuweisen.

Doch der Raum erinnert noch an weit mehr als an die Gebietsverluste: Er setzt auch den Menschen ein Denkmal, die im Krieg ihr Leben lassen mussten. Hier stehen die Namen der 30 Bochumer Gefallenen des Deutschen Einigungskriegs von 1870/1871 geschrieben sowie die der 1.362 Gefallenen des Ersten Weltkriegs, die der Bochumer protestantischen Gemeinde angehörten. Auch ein blonder Christus ist zu sehen. „Er steht ganz im damals herrschenden deutsch-germanischen Glauben, eine Szene, in der Jesus die Seelen der gefallenen Krieger zu sich ruft", merkt Nitsch an. 1931 war der Raum als „Heldengedenkstelle" errichtet worden. Der Bochumer Architekt Heinrich Schmiedeknecht (1880-1962), der die Stadt mit vielen Bauten prägte, hatte die Halle entworfen. Sie befindet sich im Erdgeschoss des hohen Turms der Christuskirche, der unmittelbar neben dem Rathaus steht. „Der Turm selbst wurde lange Jahre nicht gepflegt, der Durchgang zur Kirche war sogar zugemauert, der Raum geriet in Vergessenheit", erzählt Nitsch über den Wandel, dem der Ort im Laufe der Zeit unterworfen war. 1991 wurde er in ein Stuhl- und Podestlager umfunktioniert, bis er schließlich 1999 wieder der Öffentlichkeit präsentiert wurde.

Christoph Nitsch vor dem Eingang der ehemaligen „Heldengedenkhalle". Hinter ihm sind die Schriftzüge deutlich zu erkennen.

Die Kirche ist etwa 50 Jahre älter als die kleine Halle mit den Mosaiken. Am 15. Mai 1877 war der Grundstein gelegt worden und schon „Am 22. October war der Thurm vollendet. In Gegenwart der geladenen Mitglieder des Presbyteriums und der Repräsentation, sowie einer großen Anzahl Zuschauer fand eine bengalische Beleuchtung des Thurmes statt, und sprach Herr Pastor Kleppel tiefergreifende Worte; den wackern Arbeitern wurde am Abend ein solenner Richtschmaus gegeben“, wie dem Bericht über den Bau der Christuskirche zu entnehmen ist. Und der Aushang zu eben dieser feierlichen Einweihung ließ Folgendes verlauten: „So steht der Bau da in künstlerischer Vollendung, eine Zierde der Stadt, eine Ehre der Gemeinde für Jahrhunderte. Möge derselbe unter dem Schutze unsers Gottes, dem äußern Schutze unsers erhabenen Kaisers eine Stätte werden, in der ächtchristliche Gottesfurcht gelehrt und geübt werde. Das walte Gott!“

Prächtig bereicherte der Turm nun die Bochumer Innenstadt. Christoph Nitsch weiß, dass er nicht nur durch seine Größe auffällt, sondern auch, weil er so allein beim Platz des Europäischen Versprechens steht. Auch der Stil ist besonders: „Kein anderes Gebäude in der Umgebung wurde ebenfalls im neogotischen Stil erbaut“, sagt der Bochum-Kenner. Diese Bauart verherrlicht das Mittelalter und die gotische Baukunst im Zuge der im 19. Jahrhundert vorherrschenden Epoche der Romantik. Gerade in Deutschland erhielt der Baustil der Neogotik auch eine nationale Ausrichtung. So schreibt Johann Wolfgang von Goethe in seinem Aufsatz *Von Deutscher Baukunst* aus dem Jahr 1773: „das ist deutsche Baukunst, unsre Baukunst.“

Lauter interessante Länder sind hier aufgelistet. Doch der Hintergrund der Namensnennungen ist kein schöner.

Während des Zweiten Weltkriegs wurde der Turm der Kirche zum Verhängnis. Denn die alliierten Bomberverbände nutzten ihn als Landmarke, um den Bochumer Verein zielgenau anzugreifen. Der Bombenhagel zerstörte das Kirchenschiff am 14. Mai 1943. Nach dem Krieg wurde es von 1957 bis 1959 in seiner heutigen Gestalt neu errichtet. Doch der Turm verlor durch Vernachlässigung an Pracht, schließlich musste man sich 1993 überlegen, wie mit dem mittlerweile stark sanierungsbedürftigen Turm umgegangen werden sollte. Wegen der voraussichtlichen Sanierungskosten von etwa acht Millionen Euro erwog die Gemeinde den Abriss des Bauwerks. Aber dagegen formierte sich Widerstand. Es wurden Spenden gesammelt und Benefizkonzerte gegeben, um mit der Initiative „Denkmal gegen Gewalt" den Erhalt des Turmes zu gewährleisten. Das Bauwerk blieb also erhalten und mit ihm die Heldengedenkhalle, zusammen mit dem Platz des europäischen Versprechens als Mahnmal gegen den Krieg.

Christoph Nitsch schaut nach oben zur Spitze des Turms und senkt den Blick dann wieder zu der schwarzen Inschrift im goldenen Mosaik. Wirklich ein bemerkenswerter Ort.

Mike Durlacher

So geht's zum Mosaik:

Das Mosaik befindet sich im Portal der Christuskirche am Platz des Europäischen Versprechens.

Technische
Hochschule
Georg Agricola
DBM
Deutsches Bergbau-Museum
Bochum

21

Logo

Zwei Kandidaten, ein Gewinner

An diesem Mann kommt keiner vorbei: Groß prangt sein Konterfei als Logo neben dem Namen der Schule, deren Namensgeber er ist: Technische Hochschule Georg Agricola. Doch beinahe wäre die Schule nach einem anderen Mann benannt worden. Das, sagt Prof. Dr. Jürgen Kretschmann, Präsident der Technischen Hochschule Georg Agricola, sei aber lang schon in Vergessenheit geraten, zu sehr sei der heute gültige Name in den Köpfen verankert.

Das mit der Namensfindung betraute Gremium wünschte sich einen Patron, der mit der Region verankert ist und mit dem, was sie prägt: dem Bergbau. Und Wissenschaftler sollte der Mann natürlich auch sein. Georg Agricola (1494-1555), der sich letztendlich durchsetzte, war schnell gefunden, ebenso rasch stand der Gegenkandidat fest: Alexander von Humboldt (1769-1859). Wer seinen Namen hört, denkt an Forschungsreisen nach Zentral- und Südamerika, an Flora und Fauna und an Naturwissenschaften. Doch was hat Alexander von Humboldt mit der Bochumer Bergschule zu tun? Ganz einfach: Er entstammt der Branche. Nach seinen umfassenden Studien in Frankfurt an der Oder, Berlin, Göttingen und Hamburg stieg Humboldt in den Staatsdienst ein und arbeitete sich schnell vom einfachen Bergbeamten zum Oberbergmeister im gerade zu Preußen gekommenen Franken empor. „Viele der Bergleute konnten nicht einmal richtig lesen und schreiben“, erzählt Prof. Dr. Jürgen Kretschmann.

Humboldts Aufgabe als Oberbergmeister war es, den Zustand der fränkischen Gruben und Hütten zu überprüfen und zu leiten. „Als er auf das nailaer Revier kam, fand er, wie er klagte, überall crasseste Unwissenheit unter dem niedern Bergvolk, Vorurtheile vom Schürfen, von Witterung, Unkenntniss der bekanntesten Erze

Das Konterfei des Namensgebers ist überall in und an der Technischen Hochschule zu sehen.

u.s.w.", schreibt Karl Bruhns 1872 in seiner Biografie über den Naturforscher. Deshalb belebte Humboldt die „Bergbau-Hülfskasse" wieder. Sie unterstützte die Bergleute, die in Freiberg Bergwerkswissenschaften erlernen wollten, mit Stipendien, finanziert wurde die Ausbildung durch Überschüsse der Bergämter. Auch der „gemeine Bergmann" sollte nach Humboldts Willen besser ausgebildet werden. Hierfür gründete er in Steben auf eigene Kosten die „Freie Königliche Bergschule". Die Bergleute kannten den Unterschied zwischen Schwefelkies und Golderz nicht und hielten Eisenglimmer für Bleiglanz. Durch praxisnahe Ausbildung sollten sie verstehen lernen, „warum man bei der Arbeit vor Ort so und nicht anders vorging." Sie sollten „Liebe für unser Metier und bergmännisches Ehrgefühl" entwickeln, wie Humboldt es formulierte. Zunächst fand der Unterricht nur mittwochs und sonntags von nachmittags bis abends statt. Der Andrang war aber so groß, dass sogar bis 23 Uhr nachts noch weiter gelehrt und gelernt wurde.

Prof. Dr. Jürgen Kretschmann vor einem Porträt Humboldts.

Im Geiste Humboldts wurde dann auch 1816 die Bergschule in Bochum gegründet, um die Bergleute „zu tüchtigen practischen Bergbeamten" auszubilden. Bergleute, die nicht in Freiberg, Berlin oder Clausthal an den Bergakademien studieren konnten, hatten so die Möglichkeit, durch den Besuch der Bergschule Gruben- und Rechnungsbeamte zu werden. Kretschmannm findet: „Eigentlich wäre Humboldt der passendere Namenspatron gewesen." Doch das Gremium entschied sich schließlich und endlich für Georg Agricola. Und auch dessen Biografie scheint durchaus passend für den Namenspatron einer Bergbau-Schule. Er setzte sich erstmals wissenschaftlich mit Mineralen auseinander, systematisierte das Durcheinander der bisherigen Auffassungen und versuchte, die Entstehung der Erze aufzudecken. Agricola verfasste mehrere Bücher, die noch zu Lebzeiten von zeitgenössischen Wissenschaftlern, darunter Erasmus von Rotterdam (1466-1536), hoch gelobt wurden. Wilhelm von Gümbel schreibt in der *Allgemeinen Deutschen Biographie*: „Unermüdlich studirte er die aus den Bergwerken gewonnenen Erze, die Art ihres natürlichen Vorkommens und ihrer Gewinnung, beobachtete mit richtigem Verständnisse und großem Scharfblicke, wie die in dem Bergbau gewonnenen Erze durch hüttenmännische Processe zu Gut gemacht wurden und verglich Alles, was er selber beobachtet hatte, mit dem, was die Gesammtlitteratur seit den ältesten Zeiten über diese Gegenstände mittheilte." Durch „strenge Logik und Systematik" und „bei einem scharfen und kritischen Geist, indem er das selbst beobachtete mit dem seit Alters her bekannten zu verbinden strebte", stellte Agricola Systematiken zur Bestimmung und Klassifizierungen der Minerale auf. Kriterien wie Farbe, Durchsichtigkeit, Geschmack, Geruch, Härte, Schwere sowie äußere Gestalt und ihr chemisches und physikalisches Verhalten spielten eine Rolle.

„Viele der Bergleute konnten nicht einmal richtig lesen und schreiben."

Er beschrieb aber auch die Tierwelt unter Tage. Und er war überzeugt, dass es Drachen gab. Zumindest schreibt er in seinem Buch *De animantibus subterraneis*: „Einen habe ich besessen; er war 1 1/2 Fuß lang. Ich habe ihn Ambrosius Fabianus geschenkt. Er hatte ungefähr die Farbe eines Krokodils."

Ebenfalls interessant ist, dass Agricola, der Arzt und Mediziner war, die Eignung und Eigenschaften der Minerale für einen medizinischen Zweck untersuchte. Er beschwerte sich darüber, dass das Wissen um die Wirkung der Erden verloren ging, bei den Arabern sei dieses Wissen noch präsent. Schuld an diesem Mangel hatten laut Agricola die Kaufmänner, die sich wegen der „Raserei der Tuerken" nicht trauten, in den Orient zu fahren oder nur an ihrem Gewinn interessiert seien. „Also ist die Trägheit und Faulenzerei jener und die wenige Wissenschaft dieser schuld, das wir nicht

allein diese Erdarten nicht aecht haben können". Was diese Erden und Mineralien für den Körper tun können, zeigt sich später in der modernen Medizin.
Ohne Zweifel: Agricolas Ausführungen prägten lange den Bergbau und die Montanwissenschaft.

Der eine der beiden Namenspatronats-Kandidaten hat sich also mit seiner wissenschaftlichen Auseinandersetzung mit dem Bergbau um denselben verdient gemacht, der andere war ein Vorreiter der Arbeiterbildung, besonders bei den Bergleuten.
An Agricola wird jeder erinnert, der das Logo der Hochschule sieht. An Humboldt nicht. Schade eigentlich.

Mike Durlacher

So geht's zum Logo:

Die Technische Hochschule Georg Agricola befindet sich direkt an der U-Bahn-Station Deutsches Bergbaumuseum. Georg Agricola prangt überall an der Technischen Hochschule auf den Schildern und ist das Emblem der Hochschule.

Das Hänge- und Sprengwerk sowie die Metallstreben machen diese Deckenkonstruktion äußerst stabil.

22

Metallstreben

Die Decke hängt – aber nicht durch

Das älteste Gebäude Langendreers, die Christuskirche in der Alten Bahnhofsstraße, steckt voller Überraschungen. Richtet sich der Blick des Besuchers nämlich nach oben zur Decke, findet er viele lange Metallstreben, die sich von Mauer zu Mauer spannen. „Das hat mit der Konstruktionsart der Holzdecke zu tun", erklärt Gerhard Nötzel, Mitglied des Kulturvereins der evangelischen Gemeinde Langendreer. „Diese Decke hängt nämlich." Die Streben sind elementar für die Bauweise der Decke, doch dazu später. Widmen wir uns erst einmal der Frage, was eine hängende Decke überhaupt ist. Eine solche Konstruktion ruht nicht auf dem seitlichen Mauerwerk, sondern wird von einer tragenden Konstruktion darüber gehalten. Das klingt zunächst wackelig, ist aber ein geniales Beispiel für ausgetüftelte Zimmermannskunst.

„Grundsätzlich gibt es mehrere Möglichkeiten, die Decke zu stützen, zwei davon sind das sogenannte Hängewerk und das Sprengwerk", führt Nötzel aus. Das Hängewerk definiert sich hierbei, wie dem Werk *Vollständiger Unterricht in der Anfertigung der Bau-Anschlaege* von Salomo Sachs aus dem Jahr 1827 zu entnehmen ist, so: „Hängewerke werden angebracht, wenn ein Gebaelk von einer groeßern Tiefe, als wobei es faehig ist, sich selbst zu tragen, frei schwebend, und ohne Unterstuetzung von unten erhalten werden soll." Konstruiert wird das Hängewerk, wie Nötzel erklärt, „indem man die Träger, die man später mit Brettern verblendet, an einen senkrechten Balken hängt. Im Gegensatz dazu versteht man unter Sprengwerk eine Konstruktion, die die Last seitlich auf das Wiederlager, die Wände, ableitet."

Gerhard Nötzel in der Christuskirche.

Wichtig ist, dass das Hängewerk nie alleine vorkommt. „Sonst würde die Decke herunterfallen, denn der hängende Balken, an dem das ganze Gewicht hängt, ist ja nirgendwo festgemacht", weiß Nötzel. Das Herabfallen des Hängewerks verhindert ein Sprengwerk, das den Hängebalken an Ort und Stelle hält und das Gewicht auf die Wände überträgt. Kombiniert man nun diese beiden Techniken, erhält man, wie hier in der Christuskirche geschehen, ein „Doppelsprengwerk mit Hängepfosten", so der Fachausdruck.

„Das ist alles wohlüberlegt und hält einiges aus", sagt Nötzel mit einiger Begeisterung und deutet auf die metallenen Streben, die horizontal unter der Decke den Raum durchspannen. „Dadurch, dass die Kräfte durch das Gewicht der Dachkonstruktion schräg auf das Mauerwerk wirken, würden sie sonst die Mauer nach außen wegdrücken und die Kirche zum Einsturz bringen."

Die Streben sind übrigens handgeschmiedet. „1742, als das Dach gebaut wurde, konnte man so lange Metallstangen noch nicht herstellen“, führt Gerhard Nötzel aus. Daher mussten die Streben in kleineren Stücken geschmiedet und dann feuerverschweißt werden. Der Grund, warum die Kirche 1742 ein neues Dach brauchte, war die Barockisierung derselben – mit der auch eine Erweiterung einherging. Durch den Umbau wurde das Gebäude etwa um 2,8 Meter breiter. Und das machte natürlich ein neues Dach erforderlich. „Die größere Raumbreite brauchte eine Dachkonstruktion, die stabil genug war, diesen Raum zu überspannen“, schildert der Kirchen-kenner, der auch weiß, dass die Kirchengemeinde sich nicht lumpen ließ: Den Bauherren war das Beste gerade gut genug, es wurde nicht die einfachste Lösung für die Decke genommen, und die Zimmerer hatten die Möglichkeit, ihr Können unter Beweis zu stellen. Und diese Zimmermannskunst kann man – in Kombination mit der für die Streben nötigen Schmiedekunst – auch viele Hundert Jahre später noch bewundern. Denn bis auf kleinere Renovierungsarbeiten hält die Decke bis heute über den Köpfen der Gläubigen. Auch wenn so manchem von ihnen vielleicht nicht ganz wohl bei dem Gedanken ist, wenn er zum ersten Mal hört, dass die Decke „hängt“.

„Diese metallenen Streben halten das Mauerwerk an seinem Platz, es ist also an alles gedacht.“

Mike Durlacher

So geht’s zu den Metallstreben:

Die Metallstreben der hängenden Decke befinden sich in der Christuskirche in Langendreer in der Alten Bahnhofstraße.

Grill
Grill

23

Wandbild

Der Bergbauer und der Dichter

Barfuß steht er da, eine Spitzhacke in der Hand, hinter ihm kann der Betrachter den Eingang in einen Stollen erkennen. Dass der Mann, zu bestaunen auf einer Hauswand in der Bochumer Innenstadt, ein Bergarbeiter ist, ist unverkennbar. Und er wird dem Betrachter sogar namentlich vorgestellt. Oder besser: vornamentlich. *Jörgen* steht unter der Figur zu lesen. Jürgen Boebers-Süßmann, seit Jahrzehnten Redakteur bei der WAZ, weiß, dass Jörgen nicht nur die Bochumer Figur ist, die das Bergbauwesen symbolisiert, sondern auch eine literarische Figur. Entsprungen der Feder des Georg Breuker (1876-1964), der ein Buch mit ebendiesem Titel geschrieben hat: *Jörgen*. Genauer: *Jörgen der Bergmann. Roman aus dem Bochumer Kohlenrevier*, erschienen 1954. „Dieses Buch handelt von der schweren Arbeit der Bergbauleute und auch von den sozialen Schwierigkeiten, die es in jener Zeit gab", erklärt der Redakteur.

Im Buch ist auch die Legende verarbeitet, die berichtet, wie man im Ruhrgebiet die Kohle entdeckte. Boebers-Süßmann erzählt: „Jörgen hat Feuer gemacht und Steine darumgelegt, damit sich das Feuer nicht ausbreitet. Und am nächsten Tag haben die Steine geglüht – bei den Steinen handelte es sich um Kohle." So ganz geheuer war dem Jungen die Sache nicht, ein wenig fürchtete er sich vor den schwarzen Steinen, hielt sie für verhext und zog mit seiner Herde schleunigst weiter. Doch am Folgetag passierte an einem anderen Ort das Gleiche, Jörgen fasste sich ein Herz, erzählte anderen davon, zeigte die Stellen, an denen er die Wundersteine gefunden hatte, und ein, heute würde man sagen, Boom brach aus: Alle wollten die Wundersteine haben, alle sammelten sie eifrig ein und trugen sie nach Hause, um sich an ihnen zu wärmen.

Die Legende gab es schon vor dem Buch, Breuker hat sie lediglich aufgegriffen, und sie ist gar nicht so weit von der Wahrheit

Fast Namensvetter: Jürgen Boebers-Süßmann auf dem Bürgersteig und Jörgen, der Bergmann, an der Hauswand.

entfernt. „Die Flöze, das sind die kohletragenden Schichten, liegen so dicht unter der Erdoberfläche, dass die Steinkohle dort in den Wäldern einfach herumlag und von den Bauern eingesammelt wurde, die herausgefunden hatten, dass diese Steine die Hitze speichern können." Mit dem Aufkommen der Dampfmaschinen und der Industrialisierung stieg die Nachfrage nach der Kohle mit einem Mal enorm – sie spielte für die Dampfmaschinen eine große Rolle. „Damit begann dann auch der industrielle Abbau – und der funktionierte am Anfang so, wie wir das bei Jörgen auf seiner Hauswand gesehen haben", sagt Boebers-Süßmann. „Je weiter man nach Norden kam, desto schwieriger wurde der Abbau, denn je nördlicher, desto tiefer liegt das Kohleflöz." Bei Bottrop werde die Kohle in über 1.000 Metern Tiefe abgebaut. „Das heißt, man musste vom Tagebau, bei dem man die Kohle quasi mit einer Schaufel aus dem Berg holen konnte, im Laufe der Jahrhunderte dazu übergehen, immer tiefer und tiefer zu graben, um an die kohletragenden Schichten zu kommen." Und bei den hochwertigen und großen Kohleflözen, die auch die deutsche Kohleindustrie im Laufe der Jahrhunderte prägten, handle es sich immer um die tieferen Gesteinsschichten. Doch mit dem Aufkommen der Dampfmaschinen ging freilich auch ein enormer technischer Fortschritt einher. „Je weiter man am Ende des 19. Jahrhunderts die Technik entwickelt hatte, desto besser wurden eben auch die Möglichkeiten, die Kohle tief unter der Erde auszubohren."

Noch ein Erinnerungsstück an den Roman: der Jörgenstein.

Doch sei es dabei nicht nur um die Maschinen gegangen, sondern auch um das Wissen, wie man zum Beispiel Gruben so bauen muss, dass sie nicht in 1.000 Metern Tiefe zusammenbrechen. „Je aufwendiger die Prozesse wurden, desto mehr Kosten entstanden natürlich auch, und dadurch wurde die Kohle teurer", schildert Jür-

gen Boebers-Süßmann die Problematik.
Ein deutlicher Nachteil gegenüber Ländern wie China oder Indien. „Da liegt die Kohle in richtig großen Flözen knapp unter der Erdoberfläche und kann ganz einfach mit dem Bagger abgebaut werden. Und das geht natürlich viel günstiger als unter Tage. Letztendlich hat das dem deutschen Bergbau den Garaus gemacht." Bochum sei bis zum Ende der 1950er-Jahre eine der größten Bergbaustädte in Europa gewesen und habe im Zuge der Globalisierung „viel Blutzoll zahlen müssen", wie Boebers-Süßmann es nennt. Ende der 1950er-, Anfang der 1960er-Jahre habe eine Zeche nach der anderen schließen müssen.

„Neben der Wandmalerei erinnert auch der Jörgenstein im Weitmarer Holz an die Geschichte."

Männer wie Jörgen begegnen einem heute nur noch selten in Bochum. Wie gut, dass auf Denkmälern an sie erinnert wird. Genau, richtig: Denkmäler. Mehrzahl. Denn in Bochum gibt es nicht nur eines: „Neben der Wandmalerei erinnert auch der Jörgenstein im Weitmarer Holz an die Geschichte", sagt Jürgen Boebers-Süßmann und freut sich.

Eva-Maria Bast

So geht's zum Wandbild:

Es ziert die Hauswand an der S-Bahn-Station Schauspielhaus, am Hans-Ehrenberg-Platz / Ecke Hattinger Straße. Der rund sechs Tonnen schwere Findling, der Jörgenstein, befindet sich im Weitmarer Holz nahe des Weges zwischen der Blankensteiner Straße und dem Malakow-Turm.

Philipp Unger an dem Baum, der einst für Aufregung sorgte.

24

Ginkgo

Guerilla-Baum mitten im Asphaltdschungel

Nomen est omen. Glaubt man diesem Sprichwort, ist es absolut folgerichtig, dass ein Mann namens Baumgarten einen Baum pflanzen und einen, wenn auch kleinen, Garten anlegen muss. So geschehen in Bochum, wo der Zahnarzt David Baumgarten in einer Nacht-und-Nebel-Aktion einen Ginkgobaum pflanzte und selbigen in der Folge mannhaft verteidigte. Dieser Baum ist heute noch zu sehen, er steht direkt vor dem Kortum-Kaufhaus. Philipp Unger, Vorsitzender des Vereins „University meets Querenburg" ist ein Bekannter des Zahnarztes und hat damals, in den 1980er-Jahren, mitbekommen, wie der Baum gepflanzt wurde – in einem Hochbeet vor der Praxis.

Diese Begrünung erinnert schon fast an die Baumpflanzaktion des deutschen Künstlers Joseph Beuys (1921-1986). Dieser pflanzte 1982 im Rahmen der „documenta 7", eine weltweit renommierte

Kunstaustellung in Kassel, mit Helfern Eichen unter dem Titel „7.000 Eichen – Stadtverwaldung statt Stadtverwaltung".

Das Konzept des Guerilla-Gardening, also der Guerilla-Bepflanzung, wurde erst einige Jahre später so richtig bekannt, nämlich am 1. Mai 2001, als Aktivisten am Parliament Square in London, von Autos umbraust, vor den Augen der Gaffer und der Polizei Blumen und Gemüse pflanzten. Damit wollten sie gegen die Globalisierung und für die Umwelt protestieren und sich „die Straße zurückerobern", wie auf ihren Transparenten zu lesen war.

Mitten auf der Kreuzung steht der Ginkgo und beschattet im Sommer die Bummelnden.

Diese Bepflanzungen stellen allerdings nach deutschem Recht eine Sachbeschädigung dar. Die Stadt München hat beispielsweise sogar einen entsprechenden Bußgeldkatalog. Einige Gemeinden begrüßen hingegen derartige Aktionen.

Die Stadt Bochum gehört nicht dazu. Ihr gefiel der neue Baum überhaupt ganz und gar nicht. Entweder der Baum solle weg oder Baumgarten müsse für das Beet bezahlen, wurde beschlossen. Das sah der Zahnarzt mit dem grünen Daumen nicht ein und stritt. Mit Erfolg. Der Baum durfte bleiben und beschattet noch immer die Fußgänger in der beliebten Einkaufsmeile, wo sich auch gerne Straßenmusiker einfinden, um die Bummelnden mit ihrer Musik zu beglücken.

Mike Durlacher

So geht's zum Ginkgo:

Der Baum steht direkt vor dem Kortum-Kaufhaus in der Kortumstraße, Ecke Harmoniestraße.

Alex Schwegl weiß um den Hintergrund der Intarsie.

25 Engel

Für Frieden und Verständnis

Ein Engel auf einem Gullydeckel? In Bochum gibt es auch das! Selbst wenn man weiß, dass es sich nur scheinbar um eine Kanalabdeckung, de facto aber um eine Bodenintarsie handelt, ist und bleibt die Darstellung außerordentlich.

Alex Schwegl, seines Zeichens Stadtführer in der ehemaligen Bergbaustadt, hat die Erklärung: „Das ist kein Kitsch, sondern Symbolik." Engel kommen in allen drei monotheistischen Religionen vor. Im Judentum sind sie übernatürliche Wesen, Gottes Boten. Im Christentum gelten sie als besonders wichtig und sind streng hierarchisch gegliedert. Sie sind ohne Form und haben keine materielle Ausdehnung. Der Islam schreibt den Glauben an Engel sogar vor. So heißt es im Koran: „Wer an Gott, seine Engel, seine Schriften, seine Gesandten und den jüngsten Tag nicht glaubt, ist weit abgeirrt."

Die Intarsie – so erklärt es Schwegl – lässt sich also als Vereinigung der Engelssymbolik der drei monotheistischen Religionen in einem Symbol verstehen. Interessant ist, dass der hier dargestellte Engel gewissermaßen aus den Symbolen für diese drei Religionen besteht. Das äußerste Element ist ein Kreis, der alles umfasst, darin, nur halb zu sehen, sind ein Davidstern, auch Mund Gottes genannt, für das Judentum, ein christliches Kreuz und ein Halbmond für den Islam. Durch diese Symbole und den Kreis wird die Silhouette des Engels gebildet. Auf dem Betonquadrat finden sich Inschriften, darunter *Engel der Kulturen* und auch *G.M.C.D.* Alexander Schwegl erklärt: „Es ist ein fortlaufendes Projekt der Künstler Gregor Merten und Carmen Dietrich, die sich mit ihren Initialen verewigt haben." Der Bochumer Engel ist nicht der einzige des Künstlerpaars: Die Werke werden in Zusammenarbeit mit von UNICEF unterstützten Schulen in ganz Deutschland in-stalliert und sollen mit den Aktionen für den Austausch zwischen den Kulturen und deren friedliches und konstruktives Miteinander sorgen. „Nimmt man eines der Symbole aus dem Kreis, verschwindet der Engel. Sehr symbolisch, finde ich", meint Schwegl.

Je länger man ihn betrachtet, desto symbolkräftiger wird der Engel der Kulturen.

Übrigens ist der Engel nicht das einzige religiöse Symbol, das sich nahe der Jahrhunderthalle befindet: „Wir sind hier auf einem

Teil des Jakobwegs", weiß der Stadtführer. Und tatsächlich, im Fenster des alten Pumpenhauses, in dem heute das Besucherzentrum und die Gastronomie untergebracht sind, kann man einen kleinen blauen Aufkleber mit einer gelben Jakobsmuschel entdecken. Heute wird mit dem Emblem häufig der Weg gekennzeichnet, um die Orientierung für die Pilgernden zu erleichtern. „Die Jahrhunderthalle Bochum ist sogar Stempelstelle des Jakobswegs", erzählt Schwegl. Dieser Stempel gilt für die Pilgernden als Nachweis, an bestimmten Pilgerorten gewesen zu sein. Außerdem berechtigt der Pilgerpass zum uneingeschränkten Zugang zu den Pilgerherbergen in Spanien, der Schweiz und Frankreich. Wie viele der Pilger, die sich ihren wohlverdienten Stempel in der Jahrhunderthalle geholt haben, wohl den kleinen Engel bemerkt haben, der stumm auf einem Gullydeckel – der eigentlich gar keiner ist – sein Dasein fristet?

„Es ist ein fortlaufendes Projekt der Künstler Gregor Merten und Carmen Dietrich, die sich mit ihren Initialen verewigt haben."

Mike Durlacher

So geht's zum Engel:

Der Gullydeckel-Engel befindet sich im Westpark, gleich nach der breiten und großen Treppe, die zur Jahrhunderthalle Bochum führt.

Lang und gleichmäßig fließt das Wasser, hinten ist die Ruhr zu erahnen.

26

Oelbach

Ein Teich im Teich

Die Strömung ist kaum zu bemerken, kaum zu sehen – und doch ist sie da. „Und genau so ist es auch gewollt", erzählt Stadtkenner Volker Marquaß. Denn dieser Teil des geklärten Oelbachs, an dem der Hafen Heveney liegt, gehört zur Freizeit- und Erholungsanlage Kemnader See und ist der fünfte vom Ruhrverband angelegte Stausee entlang der Ruhr. Der Grund für die Stauseen: Neben Wassermengenregulierung und Wassergüteverbesserung würde eine zu starke Strömung es sowohl den Seglern als auch den Ruderern auf dem Wasser nur unnötig schwer machen.

„Interessanterweise befanden sich hier am Hafen Heveney früher Absetzteiche, in denen sich Schwebstoffe absenken sollten", sagt Marquaß. Denn der Oelbach war und ist alles andere als sauber. Die Zechen Lothringen, Amalia, Caroline, Prinz von Preußen, Robert

Müser, Vollmond, Colonia, Mansfeld, Urbanus, Klosterbusch und Dannenbaum führten dem Fluss allesamt ihr Grubenwasser und das Wasser der Kohlenwäsche zu. „Bei der Kohlenwäsche wurde die Kohle in Wasserbecken gekippt, wo sie aufgrund ihrer geringen Dichte obenauf schwamm und so von Dreck und Gestein getrennt wurde", erklärt Marquaß das Verfahren. Das dementsprechend verunreinigte Wasser wurde dann entweder einfach in den Fluss abgeleitet oder in einen Absetzteich, also ein stehendes Gewässer, geführt, wo sich feiner Kohlenstaub absetzte. Diesen konnte man, wenn das Geschäft mal nicht so gut lief, abbauen – ähnlich wie beim Torf – und dann verheizen.

Aber im Abwasser der Zechen war längst nicht nur feiner Kohlenstaub zu finden. Es konnte auch Schwefelkies, Kupferkies oder Schimmelpilze von verfaultem Holz, das zur Stabilisierung der Schächte verwendet wurde, enthalten. Karl Leich schreibt 1954 im *Bochumer Heimatbuch* der Kortumgesellschaft von der Wasserqualität des Oelbachs: „Heute ist er tatsächlich durch Industrie- und andere Abwässer (Lothringen, Harpener Bergbau, Mansfeld, Dannenbaum) ein richtiger übelriechender, schwarzer Ahlbach geworden, der übelste Verschmutzer der Ruhr, der glücklicherweise meist abseits von menschlichen Besiedlungen seinen schmierigen Weg zieht." Das Wasser des Oelbachs war so verschmutzt, dass er, zusätzlich bedingt durch Bergsenkungen, immer wieder verstopfte und über die Ufer trat. Die angrenzenden Wiesen wurden dadurch stark in Mitleidenschaft gezogen. Also kanalisierte man 1904 kurzerhand den Oelbach und seine Zuflüsse, etwa den Langendreerbach und den Schattbach, und begradigte ihn. Denn zuvor mäanderte der Fluss, Oel bedeutet

Das Wehr, das die Wassermenge im Mündungsbereich des Oelbachs in die Ruhr reguliert.

so viel wie Sumpf. „Es ist also ein Bach, der in feuchtem Wiesengrund fließt“, schreibt Leich. Zusätzlich wurden noch zwei Absetzteiche kurz vor der Mündung des Flusses in die Ruhr gelegt. „Damit verbessert man, oder schönt, wie der Fachausdruck dafür ist, die Qualität des Wassers“, führt Marquaß weiter aus. Solche Schönungsteiche sind meist nach einer Kläranlage geschaltet und reinigen das Wasser, das durch das langsame Durchfließen durch den Teich sauberer wird, wobei Schwebstoffe sich nach und nach absetzen und auf den Grund fallen können. Zusätzlich verbessert sich die Wasserqualität durch den Pflanzenbewuchs am Ufer. Beachtet werden muss dabei, dass durch die vorgeschaltete Kläranlage, die 1976 errichtet wurde, nicht zu viele Nährstoffe in das Wasser gelangen, was bei der langsamen Fließgeschwindigkeit zu sehr starkem Algenwuchs führen würde. Dem kann entgegengewirkt werden, indem man die Tore des Wehrs senkt und so die Durchflussgeschwindigkeit erhöht. Neue Schönungsteiche wurden angelegt und machten die alten, direkt an der Mündung des Oelbachs obsolet. „Und als der Kemnader See angelegt wurde, wurden die alten Absetzteiche zum Hafenbecken umgebaut“, schildert Marquaß den weiteren Verlauf.

„Damit verbessert man, oder schönt, wie der Fachausdruck dafür ist, die Qualität des Wassers.“

Wer also heute vom Hafen Heveney ablegt, fährt, paddelt oder segelt über die alten Absetzteiche. Eine wahrhaft geschichtsträchtige Fahrt!

Mike Durlacher

So geht’s zum Oelbach:

Der beschriebene Teil des Oelbachs mündet direkt in den Kemnader See. Der Hafen Heveney an der Blumenau 7 ist ein guter Ausgangspunkt.

365

27

Kitschbude

Ein Mittelpunkt des sozialen Lebens

Über Gerthe rauchen die Schlote. Durstig und mit vom Kohlenstaub trockenen Kehlen kommen die Kumpel morgens um 6 Uhr aus der Zeche Lothringen. Bevor es nach Hause geht, müssen sie unbedingt noch einen Schluck trinken. Ihr Ziel: die Kitschbude. Da gibt es keinen Kitsch, wie der Name vermuten ließe, sondern Bier. Und außerdem Knickerwasser, eben jenes leckere, erfrischende, das mit einem „Knicker", einer Art Glaskugel, verschlossen ist, die man in die Flasche drücken muss, um an das kühle Nass zu gelangen. Außerdem gibt es Klümpkes, die süßen Bonbons, für zehn Pfennig die Tüte. Obendrein: jede Menge gute Ratschläge von dem Mann, der die Bude betreibt und dem sie ihren Namen zu verdanken hat: Friedrich Karl Wilhelm Kitsch.
Ein Blick in die Denkmalliste der Stadt Bochum zeigt, wie typisch Buden wie die von Kitsch betriebene damals waren: „Das Gebäude ist bedeutend für die Stadt Bochum und die Ruhrgebietsregion, weil es eine regionaltypische Bauaufgabe dokumentiert. Kioske und Trinkhallen sind vorwiegend in Gegenden anzutreffen, die von Arbeitern geprägt wurden."

Ilse Kivelitz, die in Gerthe lebt, hat sich viel mit der immer noch stehenden Kitschbude beschäftigt: „Es war das Lieblingsobjekt meines geschichtlich interessierten, verstorbenen Mannes." Und sie kennt sie auch noch aus eigener Anschauung, denn die Kitschbude war bis 1997 in Betrieb. Es habe mehrere Buden in Gerthe gegeben, sagt Ilse Kivelitz, aber die Kitschbude sei die beliebteste und berühmteste gewesen. Das mag auch an ihrem Pächter gelegen habe, der durch ein Unglück zu seinem kleinen Geschäft kam. „Eigentlich war Friedrich Karl Wilhelm Kitsch nämlich Arbeiter in der Zeche Lothringen und hatte einen Unfall auf der Zechenbahn", berichtet die Gertherin. „Dabei hat er seinen linken Arm verloren. In der Zeche konnte er nun nicht mehr arbeiten – mit einem Arm geht das

Ilse Kivelitz weiß: Dieses kleine Häuschen war lange Zeit so etwas wie das Zentrum des Gerther Lebens.

ja schlecht." Die Zechenleitung habe dann dafür gesorgt, dass das kleine eingeschossige Gebäude „als Straßenbahnwartehalle" errichtet wird, damit Kitsch weiterhin ein Auskommen hat. „Das war im Jahre 1928." Der damals noch junge Mann – keine 30 Jahre war er alt – führte die Bude gemeinsam mit seiner Frau Alma Friederika Adam, und Töchterchen Ingrid war stets mit dabei. Später berichtete eben jene Ingrid Kitsch, verheiratete Kastropp: „Meine Eltern waren immer mit Lust und guter Laune in ihrem Geschäft. Nur so konnte eine Arbeitszeit von 6.00 Uhr morgens bis ca. 22.00 Uhr abends bewältigt werden. Diese Arbeitszeit lief die ganze Woche durch, einschließlich sonntags."

Praktischerweise war und ist das Häuschen mit einem säulenartigen Vorbau ausgestattet. Oder, wie es in der Denkmalliste der Stadt Bochum heißt: „Auffallend an dem Kiosk ist die sorgfältige Gestaltung der Architektur in gemäßigt expressiven Formen. Dafür ist besonders der Portikus zu nennen, mit den sich nach oben verbreiternden Pfeilern und der kristallinen Form der Attika." Die Gestaltung des Kiosks in Anklängen an ein Torhäuschen beziehungsweise eine Parkarchitektur zeige das Bemühen, die städtebauliche Situation gegenüber dem großen Straßenbahnbetriebshof der damaligen Westfälischen Straßenbahn GmbH ansprechend herzurichten, umgeben von einer kleinen Grünfläche mit Bäumen, schreiben die Denkmalpfleger und bilanzieren: „Für Schichtwechsler und Straßenbahngäste wurde ein gepflegter Sammelpunkt geschaffen." Die Straßenbahngäste hielten sich dann auch ausgesprochen gern hier auf: „Sie haben das Häuschen als Wartehalle genutzt", sagt Ilse Kivelitz.

Hübsch, aber nicht kitschig. Trotzdem heißt dieses Häuschen „Kitschbude".

Auch zur Bewirtschaftung des benachbarten Festplatzes, der heute teilweise von Sinti bewohnt ist, diente die Kitschbude. Immer, wenn dort Veranstaltungen stattfanden, berichtet Ingrid Kastropp, hätten ihre Eltern mächtig zu tun gehabt. „Vor allem unser Eis war sehr gefragt. Häufig, vor allem auch noch im Krieg, mein Vater hatte nämlich noch Restbestände von Eispulver aus der Vorkriegszeit, standen die Leute Schlange vor unserer Halle, um ein Eis zu ergattern." Ihr Vater an der Eismaschine habe bei hohem Arbeitsaufkommen Unterstützung von Schülern bekommen, die dann mit einer Gratiskugel entlohnt wurden.

„Dabei hat er seinen linken Arm verloren. In der Zeche konnte er nun nicht mehr arbeiten – mit einem Arm geht das ja schlecht."

Die Tochter der einstigen Pächter berichtet auch von „einem traurigen Kapitel" und spricht damit die Zeit an, als auf dem Festplatz Kriegsgefangene und Zwangsarbeiter lebten, „die bei schwerster Arbeit äußerst dürftig und elendig untergebracht waren." Ihre Eltern hätten sie unterstützt, was aufgrund von Denunziationsgefahr nicht ungefährlich gewesen sei.

Ende der 1990er-Jahre schloss die Kitschbude ihre Pforten, seit 2005 hat sie der Bochumer Kulturrat angemietet und die Räume dem Musikertreff Ruhr e. V. zur Förderung junger Musikertalente zur Verfügung gestellt. Kitsch hätte dieser Verwendungszweck bestimmt gefallen. Vielleicht hätte er jedem förderfähigen Musiker noch eine Flasche Knickerwasser spendiert. So wie den Gerther Schülern früher die eine oder andere Kugel Eis.

Eva-Maria Bast

So geht's zur Kitschbude:

Sie steht im Castroper Hellweg, das ist die Verbindungsstraße zwischen Bochum und Castrop-Rauxel. Die Hausnummer der Kitschbude ist die 365.

Schnörkellos und lang gestreckt steht das heutige Bootshaus am Kemnader See.

28

Bootshallen

Grauen in schöner Umgebung

Idyllisch liegen die Gebäude am Kemnader See östlich von Stiepel. Graubraune Natursteine und gerade, schnörkellose Linien zeichnen die länglichen Zweckbauten aus. Heute werden sie unter anderem vom Sportinstitut der Ruhr-Universität Bochum als Bootshaus genutzt, auch eine Gaststätte befindet sich darin. Doch das ist nicht der ursprüngliche Zweck, zu dem die Bootshallen mit dem Namen „Gibraltar" errichtet wurden. Denn gebaut wurde das große Haus für die Zeche „Vereinigte Gibraltar Erbstollen".

„Die Wurzeln der Zeche liegen im Jahr 1786, als vom Königlichen Oberbergamt die Genehmigung zum Kohleabbau erteilt wurde", weiß Volker Marquaß, ehemaliger Geschäftsführer der Entwicklungsgesellschaft Ruhr (EGR). Nach einer 1883 beginnenden Pause von 36 Jahren, in der nicht gefördert wurde, hat sie 1919 den Betrieb wiederaufgenommen. In der Pause wurde sie „in Fristen gesetzt", also zeitweise stillgelegt, was bedeutend günstiger war, als sie unrentabel weiter zu betreiben. Aber schon 1925 war wieder Schluss: dem ersten großen Zechensterben fiel auch diese zum Opfer. „Das Mundloch der alten Zeche ist noch heute zu sehen", erzählt Marquaß, der Bochum wie seine Westentasche kennt. Ein Mundloch ist die Stelle, an der ein horizontaler Stollen an die Oberfläche tritt.

Der Zweck, für den die Gebäude der einstigen Zeche nun genutzt wurde, war ganz und gar unschön: 1932 nistete sich der „Stahlhelm-Bund" hier ein und benannte das Gebäude kurzerhand in „Duesterberg-Haus" um. Der Stahlhelm-Bund war der bewaffnete Arm der Deutschnationalen Partei (DNVP), eine paramilitärische monarchistisch-nationalistische Gruppierung, die in der Weimarer Republik entstand. Ein Jahr später gesellte sich auch eine Abteilung des „Freiwilligen Arbeitsdienstes" im Haus dazu.

Das Mundloch des ehemaligen Erbstollens.

Doch damit nicht genug: „Anfang 1933 klopfte die Sturmabteilung an die Tür der ehemaligen Zechengebäude", erzählt Marquaß die Geschichte dieser dunklen Zeit weiter. Sie richtete eine Standartenführerschule ein, um ihre Mitglieder auszubilden, sowohl weltanschaulich als auch körperlich.

In der Ausgabe vom 16. Juni 1933 der Zeitung *Rote Erde* wird von der Eröffnung der „ersten Standartenführerschule Westfalens" durch die SA berichtet: „Die Schule ist das Werk des Standartenführers Voß, dem die Standarte 17 untersteht. Hervorragend bei der Instandsetzung der früher völlig verfallenen Baulichkeiten war auch ein Arbeitsdienstkommando unter Sturmführer Langer." Gleichzeitig entstand im Duesterberg-Haus ein sogenanntes „wildes" Konzentrationslager: Diese meist von SS- oder SA-Abteilungen improvisierten Lager dienten der Inhaftierung politischer Gefangener.

Hans Mugrauer (1899-1975), ein Bochumer Gewerkschaftssekretär, sagte, bevor er 1938 nach Schweden emigrierte, über Gibraltar: „Wem die Nazis ganz übel mitspielen wollten, den verschleppten sie nach ‚Gibraltar' – bald ein gefürchtetes Wort!" Und ein ehemaliger Gefangener, Emil Schewenerdel, der 1933 für einige Monate hier inhaftiert war, berichtet: „Die alte Zeche Gibraltar [...] ein regelrechtes KZ, kann man sagen. Bloß, daß sie bei uns noch nicht so vorgegangen sind wie mit den anderen [...]."

„Das Mundloch der alten Zeche ist noch heute zu sehen."

Heute nutzt unter anderem das Sportinstitut der Ruhr-Universität die alten Zechengebäude als Bootshaus, ein Freizeitzentrum und eine Gastronomie sind auch vorhanden. So kann man auf der Terrasse des Bootshauses, das eine so dunkle Geschichte hat, sitzen und friedlich auf den See hinausblicken. Und dabei still an all jene denken, die an diesem Ort so viel Leid erdulden mussten.

Mike Durlacher

So geht's zu den Bootshallen:

Die Bootshallen Gibraltar befinden sich am Westufer des Kemnader Sees in der Oveneystraße 71.

Michael Wuschka an einer der Messstationen, die den Grundwasserspiegel kontrollieren.

29

Stangen

Unsichtbare Sicherheit

„Man kann die Brücke nicht sehen, dabei ist sie enorm wichtig für das Rittergut“, sagt Michael Wuschka, ehemaliger Pfarrer in Querenburg, und deutet auf den Autobahndamm, unter dem sich das Geheimnis befindet. „Denn ohne die Brücke würde das Gebäude in vielleicht 20, 30 Jahren statisch nicht mehr haltbar sein.“ Und wenn das eintreten sollte, könnte eines der ältesten erhaltenen Rittergüter Deutschlands verloren gehen: das 940 erbaute Haus Laer, das den jeweiligen adeligen Besitzern als Landgut diente. Doch tatsächlich ist dort, wo Wuschka hinzeigt, nichts außer Gras, Blumen, dem Autobahndamm und eben das Haus Laer zu sehen. Etwas Ungewöhnliches lässt sich bei näherer Betrachtung aber in der Tat ausmachen: Auf der ganzen

Wiese sind Metallstangen verteilt. Sie hängen mit der Brücke zusammen, die eigentlich keine richtige Brücke ist.

Was haben aber nun die Metallstangen mit der nicht sichtbaren Brücke zu tun? „Das sind Messstationen, um den Wasserpegel zu messen", sagt Wuschka und stampft auf den Boden. Der Heimatkenner führt weiter aus: „Hier verläuft der Isabellastollen, der zur Zeche Isabella in Laer gehört und von 1791 bis 1868 betrieben wurde."

Der Stollen ist ein sogenannter Erbstollen, dessen Mundloch etwa 120 Meter westlich von Haus Laer liegt. Während des Zweiten Weltkrieges wurde der Stollen auch als Schutztunnel genutzt, man konnte ihn von zwei Mundlöchern, also den Stellen, wo der Stollen ans Tageslicht tritt, aus betreten. Mehrere Tausend Leute hatten darin Platz. Der Zweck des Stollens bestand eigentlich darin, das Grubenwasser abzuleiten – eine Aufgabe, die er bis heute erfüllt. Das Wasser läuft unter anderem in die Gräfte, also den Wassergraben rund um das Haus Laer.

Fest auf einer Betonplatte ist diese Messstation verankert.

„Und hier kommt die unterirdische Brücke ins Spiel", erklärt Wuschka. „Als klar wurde, dass hier am Haus Laer vorbei die A448 entstehen sollte, gab es viele Proteste der Anwohner." Dennoch wurde der Bau begonnen, obwohl der Stein des Anstoßes, das Opelwerk in Bochum, inzwischen geschlossen worden war. „Eigentlich war dieses Teilstück dazu gedacht, Opel zu entlasten, sodass die Lkw sofort auf die Autobahn konnten", erläutert Wuschka die damaligen Gedanken zum Bau der Autobahn.

Die Planungen, Fertigstellung ist 2018, sehen vor, dass die Autobahnstrecke, die Teil des Nordhausenrings wird, direkt über dem Stollen verlaufen soll. Wäre nun beim Ausschachten des Erdreichs für die Bauarbeiten der Stollen verletzt worden oder hätten der Druck und das Gewicht der Autobahn den Boden verdichtet, könnte sich folglich der Wasserspiegel im Stollen verändern. Auch das Regenwasser wäre dann nicht mehr wie gewohnt versickert.

„Die Intaktheit des Stollens hängt aber direkt mit dem Schicksal des Hauses Laer zusammen", erzählt der Pfarrer weiter. Denn würde sich das Wasser des Stollens einen anderen Weg suchen, würde der Wasserspiegel in der Gräfte sinken. Probleme für das Haus, das auf Hunderten Eichenpfählen steht, wären vorprogrammiert. Denn die Pfähle haben sich mit Wasser vollgesogen und sind, weil keine Luft an sie kommt, betonhart und äußerst stabil. Mit weniger Wasser und Luft, die durch den fallenden Wasserspiegel an die Pfeiler geraten könnte, würden diese anfangen, zu faulen und könnten nach einiger Zeit das Gewicht des doch recht massiven Gebäudes nicht mehr halten.

„Das Haus würde absacken und wegen der Statik irgendwann zusammenfallen oder zumindest nicht mehr bewohnbar sein. Dazu kommt, dass das Gebäude wegen seiner historischen Bedeutung unbedingt erhalten bleiben sollte", schildert Wuschka die Konsequenzen. „Um dieses Schicksal zu verhindern, hat man also eine unterirdische Brücke gebaut, die über den Stollen führt." Entlang des betroffenen Stücks des Isabellastollens entfernte man Erdreich und füllte es mit massiven Betonblöcken. Dann wurden über den Stollen dicke Betonplatten gelegt, die auf den Blöcken ruhen. Schließlich wurde das ganze Bauwerk wieder mit Erdreich bedeckt, damit die Autobahn darüber verlegt werden konnte. „Die Brücke hat beinahe die Ausmaße einer richtigen Autobahnbrücke", sagt Wuschka und schmunzelt.

Eine unterirdische Autobahnbrücke über einem Stollen … Sachen gibt's!

Mike Durlacher

So geht's zu den Stangen:

Die Stangen und die vergrabene Brücke befinden sich beim Autobahndamm direkt am Rittergut Laer in Bochum-Laer.

Zeche Vollmond

Pionierarbeit für den Tiefbau

Als Bergmann muss man furchtlos sein, denn der Beruf war es – und ist es teilweise immer noch – sehr gefährlich. Herabstürzende Steine, Wetter und Wasser: All das kann den Bergmann das Leben kosten. Mit „Wetter" ist dabei die Mischung der Luft im Schacht gemeint, also der Anteil an Atemluft sowie Methan und verbrauchte Luft (siehe Geheimnis 19). Und das Wasser war im Bergbau schon von Beginn an ein Problem. Denn was in einem Brunnen ein willkommenes Phänomen ist, wird dem Bergmann zum Verhängnis und verhindert den Abbau des begehrten Gutes: Es tritt Grundwasser in den Stollen ein. Diesem Umstand versuchte man zunächst über Erbstollen, in denen sich das Wasser sammelt und anschließend abfließt, Herr zu werden. Und hier kommt die Zeche Vollmond ins Spiel, zumindest für das Ruhrgebiet. „Hier wurde richtige Pionierarbeit geleistet", weiß der Bochumer Autor Uli Auffermann ganz genau, denn sein Großvater war um 1920 auf der Zeche Vollmond Betriebsführer und wohnte mit seiner Familie direkt auf dem Zechengelände in einem kleinen Haus, in dem auch Auffermanns Vater geboren wurde und das heute noch steht. Schon seit 1755 wurde in Bochum-Langendreer Kohle abgebaut, zu Beginn mit nur vier Mann. 1789 gründete sich die Gewerkschaft Vollmond, ein Erbstollen wurde angelegt, der das Wasser zum Harpener Bach abführte. Nur zehn Jahre später kam Freiherr Gisbert Christian Friedrich von Romberg (1773-1859) in den Besitz der Zeche und ließ ab 1800 einen senkrechten Schacht durch das Deckgebirge treiben, weil das Abführen des Wassers nicht so recht klappen wollte. Mit ihm legte Romberg den Anfang des eigentlichen Tiefbaus im Ruhrkohlenbergbau.

Um dem Grubenwasser Herr zu werden, erwarb Romberg bereits im Juli 1800 eine Dampfmaschine. Es dauerte aber noch bis in den Januar 1801, bis die Maschine zunächst in Tarnowitz in

Uli Auffermann an der Zeche, in der sein Vater im Betriebsführerhaus zur Welt kam.

Schlesien gebaut wurde und dann in Einzelteile zerlegt in Bochum eintraf. Doch trotz aller Bemühungen gelang es nicht, sie in Gang zu bringen. Bis Franz Dinnendahl (1775-1826) auf den Plan trat, ein Zimmermann. Und der brachte die Dampfmaschine zum Laufen.

Aber warum sollte sich ausgerechnet ein fachfremder Handwerker mit einer Dampfmaschine auskennen? Ganz einfach: weil er als leidenschaftlicher Bastler mit großem technischen Verständnis beim Bau des Maschinenhauses für die Dampfmaschine den Monteuren zugesehen hatte, wie sie erfolglos versuchten, diese zum Laufen zu bringen. Dinnendahl machte Zeichnungen und grübelte über der Maschine, fand Fehler und suchte nach Lösungen. Als er schließlich darum bat, das fehlerhafte Gerät zusammensetzen zu dürfen, wollte die Bergbehörde diesem Vorhaben zunächst ganz und gar nicht zustimmen. Er war ja nur ein Zimmermann, was sollte er denn schon davon verstehen, wenn selbst fachkundige Monteure diese Maschine nicht zum Laufen bringen konnten? Aber Romberg sprach ein Machtwort und Dinnendahl machte sich ans Werk. Ihm gelang, was den anderen nicht geglückt war. Dinnendahl selbst schrieb später, dass er geholfen hatte, „die Maschine bis beinahe zum Gange derselben fertig zu bauen“.

Die meisten Gebäude der damals fortschrittlichen Zeche sind inzwischen abgerissen Dieses ist einiges der wenigen, die noch stehen.

Damit nahm die älteste Dampfmaschine im Ruhrgebiet ihre Arbeit auf und konnte etwas mehr als 0,5 Kubikmeter Wasser pro Minute aus etwa 40 Meter Tiefe fördern. „Erst durch die Dampfmaschinen war es möglich, in tiefere Schichten vorzudringen“, erzählt Auffermann. Doch bereits fünf Jahre später reichte diese Förderleistung nicht mehr aus: Dadurch, dass die Schächte immer länger wurden, trat auch immer mehr Wasser in die Stollen ein.

Also bekam Dinnendahl den Auftrag, eine stärkere Dampfmaschine zu konstruieren, was er nach circa vier Monaten auch bewerkstelligte. Die neue Maschine konnte nun etwa 2,2 Kubikmeter Wasser pro Minute aus einer Tiefe von rund 60 Metern heben. Dinnendahl bekam dafür 8.292 Reichstaler und ein Zehntel der Kuxe, also Anteile, an der Zeche Vollmond.

„Hier wurde richtige Pionierarbeit geleistet.“

Doch mit dieser zweiten Dampfmaschine lief es alles andere als rund, sie arbeitete nicht konstant und zuverlässig und wurde verkauft. Auch die eindringenden Wassermassen waren einfach nicht in den Griff zu bekommen, die Fördermenge ging stark zurück, bis die Zeche 1821 schließlich stillgelegt wurde. 1849 bekam sie fünf neue Grubenfelder hinzu, es wurde wieder mit Teufungen, das ist der Fachbegriff für das Vorantreiben von Schächten, begonnen und 1860 die Förderung wiederaufgenommen. Zehn Jahre später ging sie in den Besitz der Harpener Bergbau AG über. Bis 1926 blieb die Zeche selbstständig, danach ging sie in der Großschachtanlage Robert Müser auf, die 1968 ihre Arbeit einstellte.

Und damit war auch für die älteste Dampfmaschine im Ruhrgebiet endgültig der Druck aus dem Kessel.

Mike Durlacher

So geht's zur Zeche Vollmond:

Die Reste der Zeche Vollmond stehen an der Vollmondstraße in Langendreer.

31

Rohrstutzen

Einlass für wichtige Maschinen

Für Besucher des Jahrhunderthallengeländes gibt es viel zu sehen: Außerhalb der Halle wird der Blick des Betrachters von zahlreichen spannenden Dingen angezogen, etwa den Kunstwerken, die hier stehen. Und wer sich in der Halle aufhält, besucht meistens eine der zahlreichen Veranstaltungen, für die die Jahrhunderthalle bekannt ist. Die sind wiederum dermaßen abwechslungsreich und das Geschehen auf der Bühne so spannend, dass wohl kaum jemand den Blick schweifen lässt. Würde er es doch tun, würde er sich vielleicht über die Rohrstutzen hoch oben an der Wand wundern. „Das ist der Nachnutzung der Halle geschuldet", erzählt Heike Brauckhoff, Leiterin der Touristikabteilung der Jahrhunderthalle Bochum. Denn nachdem sie ihren Zweck auf der Jahrhundertausstellung 1902 in Düsseldorf bravourös erfüllt hatte, kam sie nach Bochum auf das Gelände des Bochumer Vereins für Bergbau und Gußstahlfabrikation (siehe Geheimnis 49). Der nutzte die Halle als Unterbringung für Gichtgasmotoren und Gebläsemaschinen. „Und daher rühren die Rohrstutzen", erklärt Heike Brauckhoff. „An dieser Stelle verliefen früher Rohre durch die Wand, in denen Gase zwischen den Hochöfen, die vor der Halle standen, und den Gebläsemaschinen und Dynamos in der Halle transportiert wurden."

Gichtgas ist das Gas, das bei den Hochöfen aus der Gicht, also dem Teil, durch den der Ofen befüllt wird, austritt. Es entsteht bei der Herstellung des Roheisens und wurde oben aus dem vor der Halle stehenden Hochofen abgesaugt und zur Jahrhunderthalle geleitet. Über Rohre, die heute teilweise noch vorhanden sind und die man außen an der Jahrhunderthalle bewundern kann, floss das Gichtgas erst in eine Reinigungsanlage und dann durch die Wand zu den Gichtgasmotoren. Eben dort, wo die Rohre damals durch die Wand kamen, kann man heute noch die Stutzen gut erkennen. Gichtgas ist eine brennbare Mischung aus Kohlenstoffmonoxid,

Heike Brauckhoff weiß, wozu diese Rohre gut waren.

Kohlenstoffdioxid, Stickstoff und Wasserstoff. Es wird im Kolben der beiden Motoren gezündet, die dann zweitaktig ein Schwungrad antreiben. Die Drehbewegung wird dazu verwendet, über Generatoren Strom zu erzeugen.

Diese Aufgabe der Stromerzeugung war vor der Errichtung der Jahrhunderthalle von Dampfmaschinen erledigt worden, die weitaus gefährlicher waren. Ein Nachteil des altens Systems: Der erzeugte Dampf konnte nicht gespeichert oder gelagert werden. Da sie mit Druck arbeiteten, hätte obendrein jederzeit das Kesselhaus, in dem die Maschinen standen, in die Luft fliegen können. „Deshalb war das Kesselhaus auf einer Seite nur mit Brettern vernagelt", schildert Brauckhoff. Die Bretter hätten bei einer Explosion wie ein großes Überdruckventil dem gewaltigen Luftdruck nachgegeben und wären weggesprengt worden, sodass das Gebäude selbst stehen geblieben wäre.

„Im Grunde funktioniert ein Hochofen wie ein Hochdruckkessel, nur wird hier das Feuer im Topf gemacht und nicht darunter."

Als die Jahrhunderthalle dann stand, war die Situation also weitaus komfortabler. Und genau das war auch die Absicht des aufwendigen Umbaus: Weniger Gefahren wollte man haben und mehr Leistung. In der Beschreibung zum gewerbepolizeilichen Baugesuch von Mitte Februar 1903 wird die Nutzung folgendermaßen beschrieben: „Durch den Bau der neuen Hochofen-Gas-Kraftcentrale sollen die zur Erzeugung des Gebläsewindes für unsere 4 Hochöfen vorhandenen Dampfgebläsemaschinen durch Gaskraftgebläse sowie die zur Erzeugung der für unser Werk erforderlichen electrischen Energie vorhandenen Dampfmaschinen durch Gasmotore ersetzt werden." Die Baugenehmigung wurde am 15. Juni 1903 erteilt.

Der in der ehemaligen Ausstellungshalle produzierte Strom wurde unter anderem dazu verwendet, die Gebläsemaschinen für die Hochöfen anzutreiben. Dank des Gebläses brauchten die Öfen für die selbe Temperatur bedeutend weniger Koks. Energieeffizient verstand man also damals schon zu arbeiten.

„Im Grunde funktioniert ein Hochofen wie ein Hochdruckkessel, nur wird hier das Feuer im Topf gemacht und nicht darunter", erklärt die Leiterin der Touristikabteilung. „Und wie beim Grill, bei dem man ständig wedelt, um die Kohlen anzuglühen, wird beim Hochofen das Feuer, das den Koks verbrennt und das Erz schmilzt, mit dem heißen Wind angefacht." Das wäre zwar auch mit kalter Luft möglich, aber dann ließen sich längst nicht so hohe Temperaturen erreichen, wie sie nötig waren, um das Erz zu schmelzen.

Geplant war, im westlichen Teil der fertigen Halle drei der Zwillings-Gaskraft-Gebläsemaschinen mit jeweils 1.400 Pferdestärken und insgesamt sechs der Gaskraft-Dynamos mit jeweils 700 Pferdestärken aufzustellen. Für die Dynamos war der östliche Teil vorgesehen.

Über diese Rohrstutzen floss das Gichtgas zu den Maschinen.

Von den angedachten neun Maschinen wurde aber zu Beginn nur eine aufgestellt, denn es sollte „erst eine Gas-Gebläsemaschine und ein Gas-Dynamo zur Aufstellung gelangen, und erst später, wenn die beiden Gasmotore ausprobiert und sich als zuverlässig im Betriebe erwiesen haben, sollen nacheinander die sämmtlichen oben erwähnten Maschinen zur Aufstellung gelangen," heißt es in der Planbeschreibung. Doch die Gebläsemaschinen passten nicht so recht. Weil ihre Gebläse nach Norden zu den Hochöfen ausgerichtet sein mussten, waren die Maschinen für das Mittelschiff der Jahrhunderthalle zu lang und für den Platz zwischen den Pfeilern zu breit. Sie mussten schließlich so aufgestellt werden, dass sie im Mittelschiff standen und etwas ins Seitenschiff ragten. Der Wartungsgang zwischen den Maschinen wurde dadurch sehr schmal, auch wurden dabei die Enden des Ganges durch Pfeiler blockiert.

Schlussendlich hatten die Gebläsemaschinen auch nicht je 1.400 Pferdestärken, sondern 2.000, 1.600 und 800. Die Anzahl der

Dynamos wurde von sechs auf insgesamt acht erhöht, wobei einer in Reserve blieb, während die anderen Strom erzeugten. Die hohe Leistung der Gebläsemaschinen machte die alten, mit Dampf betriebenen überflüssig. Sie hatten gerade einmal die Hälfte der Leistung erbracht. Die gasbetriebenen Dynamos der Jahrhunderthalle produzierten sogar mehr als dreimal so viel wie die dampfbetriebenen, die übrigens 1909 stillgelegt wurden. Trotzdem verblieb eines der Dampfgebläse in der Firma, da es nur mit diesem möglich war, die Hochöfen zu entfachen.

„Und wie beim Grill, bei dem man ständig wedelt, um die Kohlen anzuglühen, wird beim Hochofen das Feuer, das den Koks verbrennt und das Erz schmilzt, mit dem heißen Wind angefacht.“

Die Jahrhunderthalle begeisterte nicht nur die Besucher auf der Industrie- und Gewerbeausstellung in Düsseldorf, sondern später bestimmt auch die Ingenieure und Vorstände des Bochumer Vereins dank der Leistungssteigerung, die mit der Unterbringung der neuen Maschinen in der Jahrhunderthalle möglich war. Heike Brauckhoff ergänzt: „Und heute begeistert sie die vielen Menschen, die in dieser Kulisse Veranstaltungen besuchen.“

Mike Durlacher

So geht's zu den Rohrstutzen:

Die Rohrstutzen befinden sich innen an der Nordseite der Jahrhunderthalle Bochum mitten im Westpark.

Gert Hille kann erklären, warum sich die Ampel hinter ihm nicht durchsetzen konnte.

32

Heuer-Ampel

Die Zeiger regeln den Verkehr

Was für eine Erfindung! Ein Gerät, das an Kreuzungen aufgebaut wird und regelt, wer zuerst fahren darf und wer warten muss. Kurz: eine Ampel. Heute nichts Besonderes mehr, wie so vieles, was wir als selbstverständlich erachten, Ende des 19. und Anfang des 20. Jahrhunderts aber eine großartige Innovation war – und es gab nicht nur Lichtampeln, sondern auch noch andere Varianten. Eine davon hängt über der Kreuzung Bongardstraße/Kortumstraße an zwei Drahtseilen. „Das ist eine Heuer-Ampel", sagt Bochum-Kenner Gert Hille feierlich. Sie ist sehr groß, würfelförmig und regelte den Verkehr durch Zeiger. Auf den Kästen befindet sich eine Scheibe mit roten und grünen Feldern. Die Zeiger waren miteinander verkoppelt und damit voneinander abhängig, wodurch Fehlanzeigen so gut wie ausgeschlossen waren. Sie wurden von einem Elektromotor angetrieben, der sich im Innern der Ampel befand, und sprangen, je nachdem, wer Vorfahrt hatte, auf Rot oder Grün. Die Rotphase dauerte immer etwas länger als die Grünphase. Mit gutem Grund: So konnten die Fahrzeuge, die bei Grün gerade noch über die Ampel gefahren waren, noch bequem die Kreuzung passieren.

Erfunden hat diese Ampel der Mann, dessen Nachnamen sie trägt: Josef Heuer, ein Unternehmer aus Iserlohn, der seine Firma Heuer-Hammer 1912 im Alter von 18 Jahren von seinem Vater damals noch als Huf- und Wagenschmiede übernahm und bis zu seinem Tod 1948 führte. Seine Ampeln hingen zwischen den 1930er- und 1970er-Jahren nicht nur über deutschen, sondern auch über australischen, französischen, niederländischen und belgischen Kreuzungen. Und bei der Heuer-Ampel handelt es sich keineswegs um seine einzige Erfindung: Josef Heuer machte sich vor allem im Bergbaubereich einen Namen, galt als ausgesprochen innovativ, ausgesprochen erfolgreich, und in seinen besten Jahren standen immerhin rund 280 Mitarbeiter bei ihm in Lohn und Brot. Doch die Heuer-Ampel hatte große Konkurrenz – in Form der Licht-Ampeln, wie wir sie heute kennen. Außerdem war sie teuer in Herstellung und Unterhalt. Dafür setzten sich nach und nach ebenjene Ampeln mit Lichtsignalen durch, auch wenn die nach ihrem Auftakt am 10. Dezember 1868 in London erst mal wieder vom Markt verschwanden. Bei der Markteinführung gab es nämlich einen Unfall! Nicht etwa, weil die Autofahrer so fasziniert von dem neuen Gerät gewesen wären, dass sie einen Unfall verursachten, sondern weil das Gas, mit dem die Lampe betrieben war, explodierte. Erschrocken ließen die Briten

Diese Ampel muss heute keinen Verkehr mehr regeln und kann gewissermaßen ihren Ruhestand genießen.

dann erst mal die Finger von Ampeln und griffen die Idee erst wieder auf, als elektrisches Licht in den größeren Städten leuchtete. Der Erste Weltkrieg war gerade ausgebrochen, als am 5. August die erste Lichtsignalanlage in Betrieb ging. Gelb gab es damals aber noch nicht, das kam erst 1920, und in Deutschland regelte die erste elektrische Ampel 1924 den Verkehr.

„In den 1970er-Jahren war es dann mit diesen Ampeln endgültig vorbei."

Die Licht- lief der Heuer-Ampel also den Rang ab. Zumal sich für diese Ampel noch ein weiteres Problem ergab: Sie war aufgrund ihrer Form für nur vier aufeinandertreffende Straßen konzipiert. „Das war mit ein Grund dafür, warum sich die Heuer-Ampel auf Dauer nicht durchsetzen ließ", sagt Hille. „In den 1970er-Jahren war es dann mit diesen Ampeln endgültig vorbei." Eine neue Straßenverkehrsordnung wurde erlassen, und in der war für die Heuer-Ampeln kein Platz. Über der Kreuzung Bongardstraße/Kortumstraße hatte man hingegen sehr wohl Platz für eine solche Ampel: Der Nachbau sorgt dafür, dass die Heuer-Ampel nicht in Vergessenheit gerät.

Eva-Maria Bast

So geht's zur Heuer-Ampel:

Sie hängt über der Kreuzung Bongardstraße/Kortumstraße.

IN CHRISTUS
WIEDER

33

Glocke im Musikforum

Kleine Inschrift mit großer Bedeutung

Gerechtigkeit schafft Frieden – In Christus alles wieder herstellen. Der Schriftzug auf der Glocke im Anneliese Brost Musikforum Ruhr ist kaum zu erkennen, und wenn man ihn entdeckt, kann man ihn nur schwer entziffern. Wem es jedoch gelingt, der bleibt mit einem Fragezeichen zurück. Was soll dieser Spruch an der Glocke zum Ausdruck bringen? Oberbürgermeister Thomas Eiskirch weiß es – und der Schriftzug lässt ihn immer wieder innehalten. Denn all das – der Schriftzug, die Glocke, der Ort – hat für ihn eine große Symbolkraft für seine Stadt. „*Gerechtigkeit schafft Frieden* war das Motto des großen Katholikentages in Bochum im Jahr 1949, zu dem 500.000 Menschen in die noch zerstörte Stadt kamen“, erzählt er.

Als der Kirchentag in Bochum stattfand, gab es ihn schon seit 101 Jahren, er hatte aber bisher nur 72 Mal – der Bochumer war der 73. – stattgefunden. In unruhigen Zeiten und während der Kriege war er ausgefallen. Bereits am 30. August 1949 reisten 1.200 Delegierte an, die sich in zwölf Arbeitsgemeinschaften zusammenfanden. Sie wohnten zu einem großen Teil in den 1.800 Privatquartieren, die die katholischen Einwohner Bochums – laut dem Nachrichtenmagazin Spiegel waren das damals 45 Prozent – zur Verfügung gestellt hatten. Viel schwerer hatten es die Studenten, die erfolglos versuchten, für eine ebenfalls zu jener Zeit stattfindende Tagung auch nur 150 Unterkünfte zu organisieren.

Der eigentliche Höhepunkt des Kirchentags fand am 4. September statt – es reisten 400.000 bis 500.000 Gäste an. Die noch zu großen Teilen in Trümmern liegende Stadt ächzte, der Spiegel schrieb, es kämen „die meisten aus dem Ruhrgebiet. Da wohnen 2 Millionen Katholiken. Die anderen kommen in 75 Sonderzügen. Der weiteste aus Passau. Die Sonderzugsgäste kommen mit bunten

Für Oberbürgermeister Thomas Eiskirch hat diese Glocke eine ganz besondere Bedeutung.

Fahrkarten. Sie werden mit gleichfarbigen Verkehrsschildern durch Bochum dirigiert. Säulenweise."

Die Feier beging man auf einem großen Gelände des Bochumer Vereins, in dessen Mitte sich ein Baldachin erhob, der mit seinen 29 Metern das Bochumer Rathaus überragte. Damit das Prachtstück auch nicht über seinen Gästen zusammenbrach, waren zuvor auf dem Marktplatz zwei Wochen lang „Winddruckproben" durchgeführt worden, sechs Ingenieure hatten obendrein Berechnungen zur Sicherheit angestellt und für gut befunden. Der Spiegel-Journalist bemerkte trocken: „Bei starkem Wind wird starker Schornsteinzug unterm Baldachin trotzdem unvermeidbar sein. Da stehen dann den Teilnehmern die Haare zu Berge."

„Bochum ist eine Stadt, die sich ihrer Tradition bewusst ist und in die Moderne einbindet. So ist die alte und entweihte Marienkirche zum spektakulären Foyer des neuen Musikforums geworden. Die Glocke erstrahlt in neuem Glanz."

Vor dem Baldachin befand sich eine Art Kirchenschiff, das mit Fahnen markiert und abgesteckt war, ein 30 Meter hohes Kreuz überstrahlte die Feiernden. Für die dringenden menschlichen Bedürfnisse gab es 500 eigens aufgestellte Toiletten. Und noch mehr Logistik war für derart viele Besucher erforderlich: Das Fußballfeld wurde kurzerhand zum Parkplatz umfunktioniert und ganz Nordrhein-Westfalen, um Verkehrschaos zu vermeiden, in sechs „Verkehrssektoren" unterteilt.

Die Glocke existierte damals allerdings noch nicht – sie wurde erst 1957 vom Bochumer Verein gegossen und der Spruch als Erinnerung an den Kirchentag eingemeißelt. Eiskirch hat die Daten genau parat: „Sie wiegt rund vier Tonnen und zählte zum Geläut der Marienkirche." Denn heute ist die 1868 bis 1872 erbaute und inzwischen profanierte Marienkirche Teil des Musikforums. Nach ihrer Zerstörung im Zweiten Weltkrieg war sie zwar 1951 bis 1953 unter Federführung des Bochumer Architekten Kurt Hubert Vieth (1916-1993) wiederaufgebaut worden, im Zuge der Strukturreform des Bistums Essen war sie ab 2000 zeitweise vom Abriss bedroht, ein Schicksal, dem sie glücklicherweise entgehen konnte. Nach verschiedenen Nutzungskonzepten bildet sie nun das Foyer des Anneliese Brost Musikforum Ruhr.

Und die Glocke hängt – heruntergelassen und somit sichtbar – im Turm und schlägt, was den OB besonders freut, den Ton b: „Wie Bochum“, sagt er. Und wenn die Symphoniker im Musikforum ihre Instrumente niederlegen, um Pause zu machen, dann erschallt der Ton der Glocke noch heute – wenn auch nur als Tonaufnahme.

Die Glocke birgt eine bedeutsame Inschrift.

Für Eiskirch schließt sich hier der Kreis: In Bochum begann vieles mit der Glocke. „Bis ins 20. Jahrhundert war Bochum eine bedeutende Glockenstadt“, sagt der OB. „Berühmte Glocken hängen zum Beispiel im Berliner Olympiastadion, in der Paulskirche Frankfurt und in der Friedenskirche von Hiroshima.“

Die Entwicklung verlief von der Glockengießerei, die so wichtig für die Stadt war, über den ebenfalls ausgesprochen bedeutenden Kirchentag bishin zur „Rettung“ der Marienkirche und der Einrichtung des Musikforums. „Und ohne die enorme Spendenbereitschaft der Bochumerinnen und Bochumer würde es das Anneliese Brost Musikforum Ruhr nicht geben“, freut sich der OB. „Bochum ist eine Stadt, die sich ihrer Tradition bewusst ist und in die Moderne einbindet. So ist die alte und entweihte Marienkirche zum spektakulären Foyer des neuen Musikforums geworden. Die Glocke erstrahlt in neuem Glanz.“

Eva-Maria Bast

So geht’s zur Glocke im Musikforum:

Sie befindet sich im Anneliese Brost Musikforum Ruhr, Marienplatz 1.

Förderturm

Wasser und die Ewigkeit

„Hören Sie das? So klingt die Ewigkeit!", sagt Heinz-Günter Spichartz von der Kortum-Gesellschaft, dem bedeutenden Bochumer Heimat- und Geschichtsverein. Aber was hört man denn, wenn man bei diesem alten Förderturm der Zeche Carolinenglück in Hamme steht? Wasser! Und zwar rauschendes Wasser in großen Mengen. Es speist aber keinen Brunnen, fördert kein Trinkwasser und bewässert auch keine Äcker. Es ist Grubenwasser aus den mittlerweile stillgelegten Stollen des Steinkohleabbaus.

„Unter Tage war eintretendes Wasser schon immer ein Problem", sagt Hobbyhistoriker Spichartz und klopft auf den Boden. Früher, als es noch keine leistungsstarken Pumpen gab, mussten Stollen, in die Wasser eindrang, aufgegeben werden. Manchmal, wenn es die Wassermassen zuließen oder die Steinkohleader einfach zu reich war, wurde es auch mühsam von Hand abgeschöpft. Mit der industriellen Revolution kamen Dampfmaschinen zum Einsatz, die es ermöglichten, des Wassers Herr zu werden und dank dem Einsatz leistungsstarker Pumpen in noch tiefere Teufen, wie der Bergmann zur Stollentiefe sagt, vorzudringen. Und diese Pumpen standen niemals still: Rund um die Uhr mussten sie das Wasser aus den Gruben schaffen.

Allein: Dort wo der Förderturm heute noch steht, wird gar nichts mehr gefördert. Warum also ist er noch aktiv, warum ertönt aus seinem Inneren das Rauschen der Ewigkeit? „Das hat sehr viele Gründe", sagt Spichartz und setzt zu einer Erklärung an: „Zum einen muss weiter gepumpt werden, um das Trinkwasser zu schützen." Denn das Wasser aus den Gruben ist alles andere als sauber. Besonders auf Anlagen von ehemaligen Kokereien können sich viele Schadstoffe in den Stollen befinden, unter anderem Teer, Benzol,

Heinz-Günter Spichartz weiß, warum der Förderturm der Zeche Carolinenglück so wichtig ist.

Ammoniak und Schwefel. Bei der Produktion von Koks wird Kohle stark erhitzt, wodurch sich flüchtige Stoffe in Gase umwandeln. So besteht die Kohle nach dem Koken fast ausschließlich aus Kohlenstoff. Das Wasser aus diesen Werken und aus den Stollen ist also stark verunreinigt. Wenn es aus den Stollen nicht abgepumpt, intensiv gereinigt und in Seen oder Flüsse geleitet werden würde, würde das Wasser in den Stollen emporsteigen und die wasserführende Schicht näher an der Oberfläche verunreinigen.

„Zum anderen machte auch das Wasser an der Oberfläche Probleme", nennt der Experte einen weiteren Grund. „Flüsse sind plötzlich rückwärts geflossen, und es sind Seen aufgetaucht", beschreibt er die Folgen des Bergbaus. Über Jahre hinweg hat sich das Ruhrgebiet aufgrund der Aktivitäten unter Tage immer weiter abgesenkt, an manchen Stellen sogar bis zu 30 Meter. „Das führte zu Senken, in denen sich Wasser ansammelte. Auch veränderten sich teilweise die Gefälle in der Landschaft durch die Absenkungen. Flüsse wechselten ihren Lauf, was den Wasserhaushalt der Region komplett auf den Kopf stellte", erklärt er das verblüffende Phänomen. Um dem vorzubeugen, muss das Wasser, das sich dort staut, ebenfalls abgepumpt und in die Flüsse geleitet werden.

Um ein Gefühl für das Ausmaß dieses Problems zu bekommen, seien zwei Zahlen genannt: Jährlich müssen aus den Zechen im Ruhrgebiet etwa 70 Millionen Kubikmeter Wasser abgepumpt werden. Oberflächenwasser muss sogar mit 900 Millionen Kubikmeter pro Jahr bewegt werden. Diese Mengen werden momentan von zwölf Pumpstationen im Ruhrgebiet bewältigt. „Wenn es unsere Pumpwerke nicht gäbe, würde das Ruhrgebiet innerhalb weniger Wochen absaufen", sagte Ilias Abawi, Pressesprecher der Emscher-Genossenschaft, den Deutschen Wirtschaftsnachrichten.

Um das zu verhindern, ist das Pumpensystem doppelt abgesichert. Sollte eine Pumpe versagen, springt eine Notfallpumpe ein, bis die Hauptpumpe repariert oder ersetzt ist. Denn 52 Prozent der Fläche von Nordrhein-Westfalen ist von aufgegebenen Zechen betroffen, geschätzte 11.500 Öffnungen in der Ruhrregion an der Oberfläche sind nicht oder nur ungenügend gesichert. Wenn das Wasser nicht abgepumpt würde, wären im schlimmsten Fall etwa

5.300 Schächte und Zugänge betroffen. Senklöcher wie das 2014 in Witten, das sich aufgetan hatte, weil durch das Wasser der Boden wegsackte, machen deutlich, wie wichtig diese Aufgabe ist, die, wie Spichartz sagt, ewig weiterbetrieben werden muss. „Daher auch der Name ‚Ewigkeitsaufgabe'."

Um ihr gerecht zu werden, gründete die RAG, einer der wichtigsten Bergbaukonzerne in Deutschland, eine Stiftung, die die Finanzierung übernimmt. Eine wichtige Rolle bei dieser Ewigkeitsaufgabe spielt die Technische Hochschule Georg Agricola (siehe Geheimnis 21). Dort wurde ein Forschungszentrum für Nachbergbau eingerichtet, einmalig auf der Welt. Nachbergbau beschäftigt sich, wie der Name schon sagt, damit, was nach dem Ende des Bergbaus mit den Bergwerken passiert, welche Probleme und Herausforderungen auf die Gesellschaft und Wirtschaft warten.

Die Pumpen, die in der ehemaligen Zeche Carolinenglück, bei der der Förderturm steht, momentan für trockene Füße sorgen, sollen allerdings 2019 abgestellt werden und nur noch im Notfall zum Einsatz kommen. „Aber keine Angst, versinken werden wir hier nicht", beruhigt der Hobbyhistoriker. Die Stollen würden zwar versiegelt, das Wasser aber unterirdisch zu einer anderen Stelle fließen und dort dann abgepumpt werden. Das Prinzip funktioniert wie eine Badewanne. Steigt das Grubenwasser zu hoch, läuft es über Stollen weiter – in diesem Fall bis zur Zeche Lohberg in Dinslaken. „Das ist möglich, weil das Ruhrgebiet unter Tage wie ein Schweizer Käse ist, man könnte kilometerweit hindurchlaufen", berichtet Spichartz und lauscht dem Wasser, das durch die Rohre rauscht. Und die Pumpen verrichten wie Sisyphos ihre Arbeit.

Mike Durlacher

So geht's zum Förderturm:

Der Förderturm befindet sich bei der Zeche Carolinenglück unübersehbar am Ende der Karolinenstraße in Hamme.

Alexander Schwegl kennt das Geheimnis dieser kleinen Tür.

35

Halbe Tür

Versunkener Zugang in die Unterwelt

„Hier kann man es gut sehen", sagt Alexander Schwegl und zeigt auf die halb im Boden versunkene kleine Eisentür. „Hier kann man sehen, wie sich das Gelände im Lauf der Zeit angehoben hat." Er steht mit dem Rücken zur Jahrhunderthalle und blickt dorthin, wo Stufen zum Westpark hinaufführen. „Das ganze Gelände hier war mal eine riesige Gussstahlfabrik", sagt er und macht eine weit ausholende Bewegung. „Das geht ja schon mit dem Gründer des Bochumer Vereins, Jacob Mayer, im Jahr 1842 los, in den 1980er-Jahren wurde die Fabrik geschlossen. Aber vor 200 Jahren", fährt der Urbochumer fort, „war hier noch gar nichts, damals war das alles nur eine ebene landwirtschaftliche Fläche." Mit dem Bau der Fabrik habe sich das Firmengelände im Laufe der Jahrzehnte immer weiter gehoben. „Die Fabrik wuchs und wuchs und dehnte sich immer weiter nach außen. Aber irgendwann konnte sie nicht mehr nach außen wachsen, weil sich mittlerweile eine Stadt um die Fabrik herum entwickelt hatte. Mit Straßen und Wohnsiedlungen. Deshalb musste dieses Fabrikgelände im Grunde nach oben wachsen", erklärt Alexander Schwegl den weiteren Verlauf. Material gab es genug – und obendrein war es Material, das man gewissermaßen loswerden musste: Nicht mehr benötigte Gebäude ließen die Bauherren bis auf die Erdgeschosse abreißen, die fortan als Fundamente und Keller für die neuen Gebäude dienten.

Unter dem 38 Hektar großen Naherholungspark, zu dem Teile des Geländes des Bochumer Vereins nach der Stilllegung der Produktion 1985 umgewandelt wurden, befindet sich ein weitläufiges Geflecht aus alten Gängen, Tunneln und Hohlräumen. „Wenn man da unten reingeht, kommt man teilweise ganz schön dreckig wieder raus", sagt Schwegl. Und er weiß, wovon er spricht: Als er einst eine der Türen zur labyrinthischen Unterwelt des Bochumer Vereins aufgebrochen vorfand, nutzte er die Gelegenheit, um mit einer Taschenlampe auf Entdeckungstour zu gehen. Allzu weit kam er jedoch nicht: Im Zuge der Anlegung des Parks wurden viele Tunnel und Hohlräume zugeschüttet und die Zugänge verschlossen. So auch der Zugang durch die kleine Eisentür, zu der einst sogar Treppen hinaufführten, die heute aber halb versunken ist, weil sich das Bodenniveau derart anhob. Wer hier in die Unterwelt hinab steigen wollte, müsste also nicht nur kräftig rütteln, er müsste auch noch einen halben Meter bis Meter Erde abtragen.

Eva-Maria Bast

So geht's zur halben Tür:

Man kann sie entdecken, wenn man mit dem Rücken zur Jahrhunderthalle steht und in Richtung Treppe, die zum Westpark hinaufführt, blickt. Die halb im Boden versunkene Tür befindet sich unterhalb der Treppe im Mauerwerk. Die Adresse der Jahrhunderthalle ist: An der Jahrhunderthalle 1.

Nur noch ganz verblasst erinnert der Schriftzugg an das polnische Viertel.

36

Robotników-Schriftzug

Eine polnische Bank mitten in Bochum

Der Schriftzug ist schon ziemlich verblasst. Man sieht ihm an, dass er seine bedeutendsten, seine wichtigsten Zeiten schon hinter sich hat. In welchem Zusammenhang er mit dem einstigen Spitznamen der Straße „Klein Warschau" steht und wie dieser Spitzname überhaupt entstanden ist, weiß Stadtführer Stephan Haas. Es ist die Geschichte der Polen, die seit dem 19. Jahrhundert in Bochum lebten und sich landsmannschaftlich in Organisationen zusammentaten.

Ihren Sitz hatten diese Organisationen am „Kortländer", wo auch der verblasste Schriftzug *Bank Robotników e.G.m.b.H.* von dem lebhaften Treiben der polnischen Gemeinde in Bochum kündet. Weitere Organisationen waren etwa die polnischsprachige Tageszeitung Wiarus Polski, die erste Deutschlands, der „Bund der Polen in Deutschland", die „Polnisch gewerkschaftliche Vereinigung“ (ZZP) und der „Bund polnisch-katholischer Vereine für gegenseitige Hilfe in Westfalen, Rheinland und in den benachbarten Provinzen mit Sitz in Bochum“.

Doch wie kam es überhaupt dazu, dass so viele Polen in Bochum lebten? Die Antwort auf diese Frage führt tief in die Vergangenheit, genauer: ins Jahr der Reichsgründung 1871. Denn wie so vieles beginnt diese Geschichte mit der starken Industrialisierung des Ruhrgebietes. Der sprunghafte Anstieg der Nachfrage nach Arbeitskräften für die Zechen und Fabriken in Bochum führte dazu, dass in der Umgebung nicht genug Leute zu finden waren, um den Bedarf zu decken. Also machten sich die Unternehmer und Fabrikanten auf die Suche nach fähigen und willigen Arbeitskräften – und wurden in Polen fündig. Gerade in Oberschlesien, das noch heute das polnische Zentrum für Steinkohlebergbau und Schwerindustrie ist, und in Masuren lebten viele Arme, die nach Arbeit suchten und im Ruhrgebiet dankbare Arbeitgeber fanden. Mit den blumigsten Worten wurden die Arbeiter gelockt: „In rheinländischer Gegend, umgeben von Feldern, Wiesen und Wäldern, den Vorbedingungen guter Luft, liegt, ganz wie ein masurisches Dorf, abseits vom großen Getriebe des westfälischen Industriebezirkes, eine reizende, ganz neu erbaute Kolonie der Zeche ‚Viktor‘ bei Rauxel“, wie es auf einem Flugblatt von 1908 heißt.

Die Werbung wirkte: Bis zum Ersten Weltkrieg sollten sich fast eine halbe Million Polen im Ruhrgebiet niederlassen. Doch sie blieben gern unter sich. Das zeigt ein Bericht der Frankfurter Zeitung aus dem Jahr 1902: „Von den polnischen Einwanderern sind mindestens 60 Prozent in den Kolonien dem ständigen Verkehr mit den Eingesessenen entzogen. [...] Nicht nur die Erwachsenen, auch die Kinder auf der Straße sprechen polnisch. Diese ausgedehnten Werkskolonien sind polnische Enklaven auf deutschem Boden.“ Das machte die Kirche und den wilhelminischen Staat misstrauisch.

„Spätestens seit 1795 gab es Polen als selbstständigen und souveränen Staat nicht mehr, die Bezeichnung war nur noch eine ethnische“, erklärt Haas. Mit den drei Teilungen Polens 1772, 1793 und 1795 fiel das Königreich an das zaristische Russland, die K.u.K.-

Monarchie Österreich-Ungarn und Preußen. Die Preußen befürchteten, dass die Polen sich organisieren würden, um die Wiedererrichtung eines polnischen Staates zu planen. Daher verbot Preußen das Unterrichten und Benutzen der polnischen Sprache, auch die Landesbezeichnung „Polen“ wurde untersagt. Der Sinn und Zweck dahinter: die Polen zu verdeutschen, also zu germanisieren. Der Zeitungsartikel der Frankfurter Zeitung von 1902 sieht dies kritisch: „Jeder vernünftige Mensch wird den Polen den Gebrauch ihrer Nationalsprache unbeschränkt zuerkennen. Was ist denn dabei, wenn etliche Hunderttausende neben der offiziellen Landessprache noch ihre besondere Nationalsprache kultivieren? Daran geht niemand zu Grunde.“ Durch all diese Maßnahmen blieben die Polen in Bochum eher unter sich und organisierten sich unterei-nander. Aber es gab auch Situationen, in denen die Deutschen und die Polen zusammenstanden, etwa 1905. Hier kam es ab dem 6. Januar 1905 zu einem großen Streik, bei dem nicht nur die „christliche Gewerkschaftsbewegung“, sondern eben auch die „polnische Berufsvereinigung“ Schulter an Schulter für ihre Rechte eintraten.

Stephan Haas vor der einstigen Bank in Klein Warschau.

Gegensätzlich zu den katholischen Polen verhielten sich die polnischen Masuren, die fast ausschließlich evangelisch waren und vornehmlich in Gelsenkirchen lebten. Sie fühlten sich als Deutsche und waren dem Kaiser treu ergeben. Sie integrierten sich, und viele deutschten ihre Nachnamen ein, der Name Fritz war sehr beliebt.

Ein Beispiel für die Integration der masurischen Polen ist der 1. FC

Schalke 04 aus Gelsenkirchen. Es waren nicht zuletzt die vielen polnischen Kicker, die dem Verein 1934 zum Meistertitel verhalfen. Kein Wunder, dass polnische Zeitungen, als die Meisterschaft gewonnen war, eine „Meisterschaft in den Händen von Polen" bejubelten und Schalke als „Mannschaft unserer Landsleute" bezeichneten.

Doch zurück zu den katholischen Polen in Bochum und dem Jahr 1884. In diesem Jahr, genauer gesagt, am 23. Dezember, fand sich der polnische Priester Józef Szotowski (1842-1911) im Kloster der Redemptoristen in Bochum ein, um seinen Dienst als Kaplan in der Pfarrei St. Peter anzutreten. Er war der erste polnische Priester, der sich ausschließlich um das Seelenheil der polnischen Bevölkerung im Ruhrgebiet, teilweise sogar in Köln und Münster, kümmerte. Viele der Polen sprachen kaum oder gar kein Deutsch. Allein schon die Beichte abzulegen, war für die strenggläubigen Katholiken daher schwer bis unmöglich. Die Entsendung Szotowskis war keine leichte Entscheidung des Klerus. Auf der einen Seite dürsteten Tausende Schäfchen nach seelsorgerischer Versorgung, auf der anderen Seite waren die Konflikte der Kirche mit Otto von Bismarck (1815-1898) im sogenannten „Kulturkampf" gerade erst beigelegt. Man wollte nicht wieder mit der Regierung anecken, verdächtigte sie ja die polnischen Organisationen, dass sie einen erneuten polnischen Staat anstrebten. Der Argwohn ging sogar so weit, dass in Bochum 1909 vom Polizeipräsidenten extra eine „Zentralstelle für Überwachung der Polenbewegung im rheinisch-westfälischen Industriegebiet" eingerichtet wurde. Als es schließlich nach dem Ersten Weltkrieg endlich so weit war und ein neuer polnischer Staat geschaffen wurde, wanderte etwa ein Drittel der Ruhrpolen zurück in ihre Heimat, ein weiteres Drittel verschlug es in die nordfranzösischen Kohlereviere, und das letzte Drittel verblieb im Ruhrgebiet.

Szotowski kam also und kümmerte sich hingebungsvoll um seine Gemeinde, genauso wie sein Nachfolger Dr. Franciszek Liss (1855-1933), der hier ab April 1890 wirkte und die Gründung polnisch-katholischer Vereine unterstützte. Er rief die erste polnischsprachige Zeitung im Ruhrgebiet, den Wiarus Polski, zu Deutsch „Polnischer Kämpe", ins Leben, die ihre Redaktion und Druckerei

in der Klosterstraße 8 hatte. Die Polen nannten die Straße „Kuźnia Bochumska", also Bochumer (Kader-)Schmiede.
Und nun kommt auch der Schriftzug ins Spiel: Eine der vielen Organisationen, die hier angesiedelt waren, war die Bank Robotników, eine Arbeiterbank, die sich hauptsächlich auf die Belange ihrer polnischen Landsleute konzentrierte. In der Zeit des Nationalsozialismus hatten es die Polen in Bochum wie allerorts in Deutschland nicht leicht. Mit dem Angriff des Deutschen Reichs auf Polen im September 1939 wurden die Gebäude in der Klosterstraße, die erst später „Am Kortländer" umbenannt wurde, beschlagnahmt und geplündert, auch die Bank Robotników konnte dem Schicksal nicht entgehen. Im Hof des Hauses mit der Nummer 6 soll es sogar Erschießungen gegeben haben. Die polnischen Vereine wurden verboten, und derer gab es viele: Bekannt ist eine Zahl aus dem Jahr 1912, in dem 875 polnische Vereine genannt sind, die meisten davon waren kirchliche Arbeitervereine.

Bochum hatte sich durch diese Vielzahl an polnischen Vereinen zu einem Zentrum der Polenbewegung in Preußen entwickelt. Der Wiarus Polski war ein Sprachrohr für die unzähligen Ruhrpolen und viele Genossenschaften, Interessenverbände, Konsumläden. Schon 1894 hatte in Bochum der erste polnische Katholikentag statt gefunden und 1913 sogar eine Industrieausstellung des Vereins polnischer Kaufleute und Gewerbetreibender.

Heute hört man selten polnische Sprachfetzen im Viertel. Nur noch die schon stark verblasste Inschrift *Bank Robotników e.G.m.b.H.* an der Wand des Hauses Nummer 2 kündet stumm vom brummenden „Klein Warschau".

Mike Durlacher

So geht's zum Robotników-Schriftzug:

Der stark verblasste Schriftzug der Bank Robotników befindet sich hoch oben an der Hauswand des Hauses Am Kortländer 2.

Uli Auffermann erinnert sich an den Bochumer Schauspieler Claus Holm, der hier geboren wurde.

37

Geburtshaus

Ein Püttjunge als Raumfahrer

Nur wenn man weiß, wer hier geboren wurde, bleibt man stehen, und es schießen einem Bilder durch den Kopf, Erinnerungen, Emotionen, die man mit dieser Person verbindet. „Es ist eher etwas, an das sich die etwas ältere Generation erinnert", vermutet Uli Auffermann. „Als wir – ich noch als kleines Kind an ihrer Hand – auf dem Weg vom Einkaufen an dem Haus vorbeigingen, hat meine Mutter mir mal erzählt, wer dort zur Welt kam." Der Mann, der in diesem Haus das Licht der Welt erblickte, ist Claus Holm (1918-1996), geboren am 4. August 1918 als Sohn eines Bergmanns. Sein richtiger Name lautete Helmut Gerhard Ozygus.

Wie sein Vater arbeitete er zunächst als Bergmann, boxte aber auch, bevor er Mitte der 1940er-Jahre in Berlin mit seiner zukünftigen Profession in Berührung kam: der Schauspielerei. Seine erste

Leinwandpräsenz hatte er 1943 mit den Komödien *Floh im Ohr* und *Das Bad auf der Tenne*. Nach dem Zweiten Weltkrieg arbeitete Holm für die Deutsche Film AG, die DEFA, ihres Zeichens volkseigenes Filmunternehmen der DDR mit Sitz in Potsdam-Babelsberg. Mit ihr drehte er acht Filme und war auch auf den Brettern, die die Welt bedeuten, unterwegs, nämlich am Berliner Theater am Schiffbauerdamm.

Claus Holm mauserte sich zum Star der Ostdeutschen Filmszene. 1953 floh er wegen der gemeinsamen Kinder mit seiner Frau aus der DDR nach West-Berlin. Mühelos fasste er in der Westdeutschen Filmszene Fuß und avancierte auch hier, zunächst in Heimatfilmen wie *Heideschulmeister Uwe Karsten* von 1954 oder *Der Glockengießer von Tirol* von 1956, zum Star. Doch auch in anderen Genres glänzte er, so etwa in dem Thriller *Nachts, wenn der Teufel kam* von 1957, in dem er einen Kriminalkommissar spielte.

Die größte Berühmtheit erlangte Claus Holm allerdings mit einer siebenteiligen Serie, der ersten ihrer Art in Deutschland. Ein Teil des Vorspanns lautet: „Was heute noch wie ein Märchen klingt, kann morgen Wirklichkeit sein. Hier ist ein Märchen von übermorgen: Es gibt keine Nationalstaaten mehr. Es gibt nur noch die Menschheit und ihre Kolonien im Weltraum.“ Aufermann erinnert sich mit sichtlicher Begeisterung und kann auch noch die markante Titelmelodie pfeifen. „Es ist die Science-Fiction-Fernsehserie *Raumpatrouille – Die phantastischen Abenteuer des Raumschiffes Orion*“, verrät er. Die Erstausstrahlung der Serie, die auch einfach *Raumpatrouille Orion* genannt wird, verfolgte am 17.

Unscheinbar, aber für die deutsche Filmwelt von Bedeutung: das Geburtshaus von Claus Holm.

September 1966 fast die Hälfte aller Deutschen, ein voller Erfolg. Holm mimt in der Serie den Bordingenieur Leutnant Hasso Sigbjörnson.
Zusammen mit der Besatzung stößt er auf böse, gegen die Strahlenwaffen der Menschen immune, glibberige Außerirdische. Diese sinnen auf die Vernichtung der Menschheit, was dem Kapitän, Major Cliff Allister McLane, gespielt von Dietmar Schönherr, immer wieder zu verhindern gelingt.

Der Charme der Serie kam, abgesehen von der Novität, auch durch die Spezialeffekte, die damals das Beste vom Besten waren, heute aber eher beschmunzelt werden. Für eine Sternenexplosion etwa wurde eine Kugel mit Kaffee, Reis, Sand und Puderzucker gefüllt und anschließend Luft mit einem Hochdruckgebläse hineingepustet. Eine Hochgeschwindigkeitskamera hielt das Ganze fest. Auch die Kulisse zeugte vom Erfindergeist und der Improvisationskunst der Bühnenbildner.

„Es ist eher etwas, an das sich die etwas ältere Generation erinnert."

Das Haus in Bochum hingegen, das da so unscheinbar an Ort und Stelle steht, war keine Kulisse, sondern Heimat. Heimat des Mannes, der später einmal ein Raumfahrer werden sollte, wenn er auch nur auf der Leinwand und nicht im echten Leben durch das Universum düste.

Mike Durlacher

So geht's zum Geburtshaus:

Das Geburtshaus von Claus Holm befindet sich in der Elsingstraße 15 in Bochum-Werne.

Springerplatz
Karl Springer 1895 – 1936
Widerstandskämpfer gegen den Faschismus,
von Nationalsozialisten ermordet.

38

Straßenschilder

Erinnerung an einen Widerstandskämpfer

Südlich der Alleestraße liegt er, eingerahmt von Mehrfamilienhäusern, einem ehemaligen Hochbunker und einem kleinen Park: der Springerplatz. Dass er diesen Namen trägt, gereichte ihm nicht immer zum Vorteil, denn die Straßenschilder, die anzeigen, wie der Platz heißt, beinhalteten keinen Hinweis auf den wahren Namensgeber. Und der war eben nicht, wie man zunächst vielleicht denken würde, Axel Springer, Chef des riesigen Medienkonzerns, gegen den sich in den 1960er-Jahren Widerstände in der linken Szene formierten, was dazu führte, dass erboste Bochumer Studenten versuchten, die Schilder zu stehlen oder zu zerstören. Nein, der Namensgeber war Karl Springer (1895-1936), ein Bochumer Widerstandskämpfer gegen die Nationalsozialisten.

Nach einem Springer war der Platz aber nicht immer benannt gewesen: Zuvor hatte er seit 1871 Moltkeplatz geheißen – nach dem preußischen Generalfeldmarschall Helmuth Karl Bernhard von Moltke (1800-1891), der zunächst im dänischen Militär diente, dann aber zum preußischen Militär wechselte. Nach seiner Tätigkeit als Militärberater im Osmanischen Reich kam er in den Generalstab der Armee und wirkte an allen drei Einigungskriegen, dem Deutsch-Dänischen Krieg (1864), dem Preußisch-Österreichischen Krieg (1866) und dem Deutsch-Französischen Krieg (1870/1871), maßgeblich mit.

Die Schlacht bei Königgrätz (1866) führte er persönlich an und erfocht einen entscheidenden Sieg für Preußen. Dabei war Moltke keineswegs Kriegstreiber. Er ordnete sich stets der Politik unter, obwohl er das Immediatrecht hatte, also am Reichstag und Kanzler vorbei direkt beim König vorsprechen und mit ihm militärische Entscheidungen fällen konnte. Auch warnte er in einer Rede im Reichstag 1890 vor einem weiteren Krieg: „Wenn dieser Krieg zum

Der Name sorgte für Verwirrung, Heinz Rittermeier klärt auf.

Ausbruch kommt, so ist seine Dauer und ist sein Ende nicht abzusehen. Es sind die größten Mächte Europas, welche, gerüstet wie nie zuvor, gegen einander in den Kampf treten." Dieser Krieg, der „wie ein Damoklesschwert" über Europa hing, sollte 1914 auf die Welt herniederfahren. Moltke warnte weiter: „Meine Herren, es kann ein siebenjähriger, es kann ein dreißigjähriger Krieg werden, – und wehe dem, der Europa in Brand steckt, der zuerst die Lunte in das Pulverfaß schleudert!" Aber gleichzeitig warb er für weitere Rüstungen zum Erhalt des Friedens: „Meine Herren, je besser unsere Streitmacht zu Wasser und Lande organisiert ist, je vollständiger ausgerüstet, je bereiter für den Krieg, umso eher dürfen wir hoffen, vielleicht den Frieden noch länger zu bewahren oder aber den unvermeidlichen Kampf mit Ehren und Erfolg zu bestehen." Eine weitere Begründung Moltkes war: „Denn lange schon und auch jetzt noch ist es nur das Schwert, welches die Schwerter in der Scheide zurückhält." Und eben wegen solcher Aussagen militaristischer Natur wurde 1947 per Ratsbeschluss der Name Moltke aus der Ortsbezeichnung gestrichen.

Die Straßenschilder am Platz sorgten für Verwirrung.

„Durch machtvolle Aufmärsche und Kundgebungen entwickelte sich der Moltkemarkt vor 1933 zum Zentrum der Bochumer Arbeiterbewegung, zum Symbol des Widerstandes gegen den Nationalsozialismus", erzählt Heinz Rittermeier. „Da war hier schon einiges los."

Diese Widerstände hatten mit ebenjenem Mann zu tun, nach dem der Platz heute benannt ist: Karl Springer. Er wohnte in der heutigen Markstraße 406 in Weitmar-Mark und arbeitete auf der Zeche Prinz Regent. Er wurde Mitglied im Bergarbeiterverband und in der KPD, deren Ortsgruppe er in Weitmar bald leitete. Bei den Kommunalwahlen von 1926 erreichte die KPD 14,4 Prozent, und Springer wurde Stadtrat, ein Amt, das er bis 1929 innehatte. Ab 1925 arbeitete er als Lokalredakteur der kommunistischen Tageszeitung Ruhr-Echo und war später in Essen für alle Lokalausgaben verantwortlich. Das Ruhr-Echo, das erstmals 1919 erschien, war zunächst ein Organ der Unabhängigen Sozialdemokratischen Partei Deutschlands (USPD) und ab 1920 ein Organ der Kommunistischen Partei Deutschlands (KPD). Mit Sitz in Essen war die kommunistische Arbeiterzeitung die auflagenstärkste der KPD während der Weimarer Republik. Kurz vor dem Reichstagsbrand wurde das Blatt verboten.

„Wenn die Schlägertrupps der NSDAP zum Moltkeplatz fuhren, gingen die Fenster auf.“

Als schließlich die Nationalsozialistische Deutsche Arbeiterpartei (NSDAP) in Deutschland auf dem Vormarsch war, engagierte sich der leidenschaftliche Kommunist im Widerstand, setzte sich auch für eine Zusammenarbeit von Sozialdemokraten und Kommunisten ein und hielt viele Protestreden.

Doch die Geschichte nahm ihren Lauf: Am 23. März 1933 wurde das Ermächtigungsgesetz, das offiziell „Gesetz zur Behebung der Not von Volk und Reich“ hieß, erlassen. Es folgte eine Verhaftungswelle von Regimegegnern. Allein in Bochum wurden mehr als 100 KPD- und SPD-Mitglieder festgenommen und schwer von SA-Schlägern misshandelt. Karl Springer wurde laut Zeugenaussagen schlimm zugerichtet mitten auf einem Platz sich selbst überlassen. Die Botschaft an die „Roten“ war klar. Doch Karl Springer ließ sich nicht beirren und kämpfte weiter gegen die Nationalsozialisten an, nun im Verborgenen. Er wurde Leiter der mittlerweile illegalen KPD in Bochum und stellte antifaschistische Flugblätter her.

Das war den Machthabern natürlich ein Dorn im Auge, und sie verfolgten ihrer Gegner mit aller Härte. Es kam zu über 150 Verhaftungen in Bochum, Gelsenkirchen, Wattenscheid und Essen.

Springer wurde so schwer von Mitgliedern der Gestapo verprügelt, dass er im Gefängnis der Polizeihauptwache seinen Verletzungen erlag.

Und dennoch hatten es die Nationalsozialisten schwer, am Springerplatz Fuß zu fassen. Denn der Platz, der damals ja noch Moltkeplatz hieß, lag in einem „roten Viertel", also einer Gegend, in der hauptsächlich Arbeiter wohnten – bedingt durch die Nähe zum Bochumer Verein. „Diese Arbeiter waren hauptsächlich in der SPD und der KPD organisiert", erzählt Heinz Rittermeier. Auch wohnten hier viele Mitglieder der Konsumverein Wohlfahrt GmbH, dem größten Bezirkskonsumverein im Ruhrgebiet. Diese Firma stand den Gewerkschaften sehr nahe, trug sogar den Spitznamen „Roter Konsum". Bis 1925 hatte der Verein 38.000 Mitglieder und 113 Vertriebsstellen. Karl Springer war eines der Mitglieder.

„Die Trupps sind ja damals nicht mit dem Auto gekommen, sondern in ihren typischen offenen Lastwagen, auf denen die Männer dicht gedrängt auf den Holzbänken saßen. Die waren natürlich gute Ziele."

Die Nazis versuchten, sich in dem roten Viertel zu behaupten: „Wenn die Schlägertrupps der NSDAP zum Moltkeplatz fuhren, gingen die Fenster auf", sagt Rittermeier. Grußworte und Hurra-Rufe seien dann nicht auf sie niedergeregnet, sondern eher Pflastersteine und Nachttöpfe. „Die Trupps sind ja damals nicht mit dem Auto gekommen, sondern in ihren typischen offenen Lastwagen, auf denen die Männer dicht gedrängt auf Holzbänken saßen. Die waren natürlich gute Ziele", erklärt der Bochumer weiter.

Karl Springer war also einer, der auf der politisch linken Seite stand. Es entbehrt nicht einer gewissen Ironie, dass ausgerechnet seine politischen Mitstreiter die Schilder abreißen wollten, weil sie dachten, der Platz sei nach Axel Springer, dem Medienmogul benannt. Die Stimmung gegen Springer war nach dem Anschlag auf den Studentenführer Rudi Dutschke (1940-1979) im Jahr 1968 besonders aufgeheizt gewesen, Studenten kritisierten die Berichterstattung als zu konservativ und zu einseitig. Die Proteste zum Anschlag auf Dutschke schwappten auch nach Bochum und an die noch junge Ruhr-Universität. Die dortigen Studenten wollten mit den Arbeitern der Stadt Kontakt aufnehmen und kamen auf dem Springerplatz zusammen. Ohne Hinweis auf den wirklichen Namensgeber nahmen die Studenten an, der Platz sei nach Axel Springer benannt, und wollten die Schilder abreißen. „Die Anwohner haben sie aber energisch aufgeklärt und so das Abreißen verhindern können", erzählt Rittermeier.

„Die Anwohner haben sie aber energisch aufgeklärt und so das Abreißen verhindern können."

Um solchen Missverständnissen künftig vorzubeugen, wurden Anfang der 1970er-Jahre Hinweistafeln auf den richtigen Namensstifter angebracht, problematisch war der Text. „Es war der Kalte Krieg, ‚Kommunist' durfte nicht auf dem Schild stehen", erklärt Rittermeier. Daher entschied man sich für den Text, der noch heute dort steht und auf den wahren Namensstifter hinweist: *Karl Springer, Widerstandskämpfer gegen den Nationalsozialismus.*

Mike Durlacher

So geht's zu den Straßenschildern:

Der Springerplatz befindet sich südlich der Alleestraße, etwa 400 Meter vom Jahrhunderthaus entfernt.

Kortum-Grabstein

Kein Kaufhaus. Sondern ein Mensch.

Über diesen Umstand hat sich Dr. Hans Hanke, Denkmalpfleger und Vorsitzender des Geschichtsvereins Kortum-Gesellschaft, schon mehr als einmal sehr gewundert: „Fragt man in Bochum jemanden, wer oder was eigentlich dieser Kortum war, dessen Namen man überall begegnet, erhält man meistens die Antwort: ‚Das Kaufhaus'." Die Kortum-Gesellschaft habe schon eine Reihe Umfragen dazu durchgeführt. „Wenn wir dann erzählen, dass dieser Kortum, der mit Vornamen Carl Arnold hieß und von 1745 bis 1824 lebte, ein für Bochum sehr wichtiger Mensch war, bekommen wir oft nur verwunderte Blicke", sagt Hanke an dem Grabstein für diesen Mann im nach ihm benannten Kortum-Park.

Kortum, der Mediziner, der ein halbes Jahrhundert in Bochum praktizierte, engagierte sich nach Feierabend als Schriftsteller. „Besonders bekannt ist seine *Jobsiade*, in der er das Leben eines Typen in Gedichten niedergeschrieben hat. Das wurde später von Wilhelm Busch in seinen *Bildern zur Jobsiade* aufgegriffen. Das Buch ist in mindestens 13 Sprachen übersetzt worden und war ein echter Hit", berichtet der Bochumer.

Mit der Jobsiade wurde er berühmt, der Mediziner, der 1816 den Titel „Königl. Hofrath" erhielt, geschrieben hat er aber noch viel mehr – weitgehend Vergessenes, wie Hanke durchaus bedauert. Er hat sich ausgiebig mit Kortum befasst und kann dessen Leben ohne viel nachzudenken wiedergeben: Hanke erzählt, dass Carl Arnold Kortum am 5. Juli 1745 in Mülheim an der Ruhr als Sohn eines Apothekers geboren wurde und dass sein Vater starb, als er erst drei Jahre alt war. Doch der Mutter gelang es, die Apotheke erfolgreich weiterzubetreiben, der kleine Carl besuchte die Schule, und obendrein stand ihm noch ein Hauslehrer zur Verfügung. „1760 wechselte er zum Archigymnasium in Dortmund, wo er bei

Dr. Hans Hanke hat sich ausführlich mit Kortum beschäftigt.

seinem Onkel, ebenfalls einem Apotheker, wohnte und ein gediegenes Fundament an humanistischem Wissen der frühen Aufklärung erhielt", erklärt Hanke. Es folgte 1763 das Medizinstudium in Duisburg, 1766 die Promotion, dann eine Weiterbildung in Berlin an der Charité. 1768 heiratete er schließlich seine Cousine, die Bochumerin Helena Margaretha Ehinger (1744-1825), 1770 zog er nach Bochum und eröffnete hier seine Praxis.

„Das Bochum von damals ist aber mit dem Bochum von heute nicht zu vergleichen", sagt Hanke: 1.500 Einwohner habe die Stadt damals gehabt und zu den mittelgroßen deutschen Städten gezählt. „Die Einwohner waren meist bürgerliche Grundbesitzer, die ihre Äcker vor der Stadt verpachtet hatten und aus den sehr hohen Getreideausbeuten einen lohnenden Gewinn zogen. Es gab auch einige Anteilseigner an Bergwerken. Die Oberschicht der Stadt bildeten Beamte der königlichen Behörden in der Stadt, hier vor allem des Landgerichts", schreibt er im Nachwort zum *Kortum-Lesebuch*. Und weiter: „Die bürgerliche Kultur Bochums war institutionalisiert in einer Freimaurerloge, einer Lesegesellschaft und einer Bürgergesellschaft. Die überregional vorbildlichen Gründungen der ersten höheren Bildungsanstalt für Frauen sowie der Freischule auf Overdiek belegen eine Atmosphäre in Bochum, die weit entfernt war von dem oft beschworenen Ackerbürgerstädtchen".

Der Grabstein erinnert an einen großen Dichter.

Kortums Praxis habe sich in der Stadt großer Beliebtheit erfreut, was auch daran gelegen haben mag, dass Kortum in den Jahren 1792 bis 1807 medizinischer Gutachter und Aufsichtbeamter der Bergleute und der Knappschaft war. „Er scheint sich stets auf dem neuen Stand der medizinischen Erkenntnis gehalten zu haben, so war er einer der ersten Ärzte im heutigen Raum des Ruhrgebietes, der die Kuhpockenimpfung bekannt gemacht hat", sagt Hanke. Der gute Name habe sich herumgesprochen, die Patienten strömten in Kortums Praxis – und zwar nicht nur aus Bochum, sondern auch aus dem weiteren Umkreis. „Ein Viertel seiner jährlich rund 1.200 Patienten nahm Anreisewege von 50 Kilometern und mehr in Kauf", hat Hanke recherchiert. Zu seinen Patienten zählten Bergleute, Knechte und Mägde ebenso wie Damen des Adels und des Bürgertums.

„Fragt man in Bochum jemanden, wer oder was eigentlich dieser Kortum war, dessen Namen man überall begegnet, erhält man meistens die Antwort: ‚Das Kaufhaus'."

Wie Kortum wohl reagiert hätte, wenn er wüsste, dass viele Bochumer seinen Namen nur mit einem Kaufhaus in Verbindung bringen? Mürrisch? Oder würde er im Sinne der Jobisade scherzhaft darüber schreiben? „Ich glaube eher, er würde schmunzeln", schätzt Hanke und kann sich seinerseits ein Schmunzeln nicht verkneifen.

Von denen, die sein dichterisches Werk kennen – so wenige sind das dann doch nicht, wie Hanke einräumt –, wird er jedenfalls hoch verehrt. Zumal er 1790 auch die erste Stadtgeschichte Bochums schrieb. Und zumindest namentlich ist er nicht nur mit dem Kortum-Kaufhaus präsent, schließlich gibt es auch einen Kortum-Brunnen, einen Kortum-Park, eine Kortumstraße, ein Kortum-Denkmal – und schließlich sein Grab, an dem Hans Hanke die Geschichte dieses so bedeutenden Bochumers erzählt.

Eva-Maria Bast

So geht's zum Kortum-Grabstein:

Der Grabstein steht deutlich sichtbar in der Nähes des Hauptbahnhofes am Eingang des Kortum-Parks. Dieser liegt an der Wittener Straße.

Die Risse an dem Haus sind unübersehbar.

40

Risse

Bergschäden in der Siedlung

Über die Fassade zieht sich eine Vielzahl weißer Linien – das Haus ist ganz offensichtlich in keinem guten Zustand. Und das hat im wahrsten Sinne des Wortes tiefschürfende Gründe. „Das ist Mörtel, mit dem die Risse in der Fassade geflickt und versiegelt werden", erklärt Lisa Weißmann, wissenschaftliche Volontärin im Industriemuseum Zeche Hannover des Landschaftsverbands Westfalen-Lippe (LWL). Dass an dem kleinen Häuschen – und auch an den Nachbargebäuden – so ungewöhnlich viele Risse entstanden sind, hängt mit der nahegelegenen Zeche Hannover zusammen. Und für diese Zeche sind die drei Häuser in der

Straße Am Rübenkamp (bis 1926 hieß sie Schulstraße), zu denen auch das Haus mit den vielen Rissen gehört, gebaut worden. Genauer: Das Haus mit der Nummer 4 wurde ab dem 12. Mai 1890 von dem Bergmann Hermann Brinkmeier errichtet, die Nummer 6 ab dem 22. Juni 1890 von dem Steiger Heinrich Stratenhoff und schließlich die Nummer 8 vom Bergmann Josef Kretschmer ab dem 4. Oktober 1890. Das dazu benötigte Land kam von der Familie Stratenhoff, die in Hordel ansässig war.

Heinrich Stratenhoff vermietete sein Haus nach Fertigstellung, die anderen beiden bewohnten selbst einen Teil und vermieteten den anderen. Denn die Wohnsituation im Ruhrgebiet stellte sich im ausgehenden 19. Jahrhundert als katastrophal dar. Die Städte an der Ruhr waren wegen der Industrialisierung und der technischen Neuerungen, die noch größere Kohleförderungen möglich machten, rasant gewachsen. Weder die Stadt noch die Zechenbetreiber kamen mit dem Beschaffen von Wohnraum nach. Teilweise mussten die Arbeiter in Baracken hausen. Durch den Grundriss der baugleichen Häuser – sie alle hatten rund 130 Quadratmeter – war die Untervermietung gut möglich: Die Zimmer waren nicht nur durch einen Flur erreichbar, sondern verfügten zusätzlich über Türen, die sie miteinander verbanden. Die konnte man sowohl abschließen und die „Wohnungen" dadurch trennen als auch offen lassen, sodass kleine Appartements mit mehreren Zimmern entstanden.

Brinkmeier und Kretschmer sicherten sich in ihren Häusern natürlich die schönsten Räume im vorderen Teil, bei Renovierungsarbeiten fand man auf der untersten Farbschicht schöne farbige Verzierungen und Ornamente. Als Eigentümer waren sie auch die einzigen, die den Vordereingang benutzen durften. Alle anderen Bewohner mussten ihr Zuhause über die Tür zum Hinterhof betreten. Auch waren ihre Räume viel schlichter. Unter dem Dach wohnten sogenannte „Kostgänger", die von ihren Vermietern auch verpflegt wurden. Für 1897 führte das Adressbuch für die drei Häuser jeweils etwa zehn Mieter, für das Haus von Stratenhoff sogar zwölf, davon waren neun Bergmänner, ein Invalide, eine Magd und eine Witwe. Ob die Bergmänner ledig waren und wie viele Kinder hinzukamen, ist nicht bekannt. In der Schulstraße 6 lebten etwa 35

Menschen, jeder Mietpartei standen rund 13 Quadratmeter Wohnfläche zu.

Die Häuser in der Schulstraße hatten Ähnlichkeit mit den von den Unternehmern geplanten und gegründeten Wohnkolonien, etwa der Dahlhauser Heide, die von 1906 bis 1915 von der Krupp AG erbaut wurde. Diese Kolonie hatte den Spitznamen „Kappeskolonie". Der Grund: Eines der Hauptnahrungsmittel der Bergleute war Kohl, und der hieß im Dialekt Kappes. Man könnte also sagen, die Bergmänner im Ruhrgebiet hatten keinen Kohldampf, sondern Kappesdampf. Den Kohl bauten sie im heimischen Garten an, neben anderem Gemüse. Auch Kleinvieh wurde dort gehalten, die Bergmänner sicherten damit ihre Grundversorgung.

Derartige kleingärtnerische Freuden gab es auch in der Schulstraße: Hinter den Häusern befand sich je ein Stall mit fünf Verschlägen, dahinter grenzten die Gärten an. Sie hatten allerdings zweifelhafte Nachbarschaft: Auch das Trockenklosett befand sich hier, es wurde noch bis in die 1940er-Jahre genutzt und das Abwasser über eine offene Abwasserrinne entsorgt.

Der Winkel der Kamera stimmt, das Treppenhaus ist schief.

In all diesen bewegten Jahren gehörten die Gebäude aber noch nicht zu Bochum. Das tun sie erst, seit Hordel, auf dessen Gebiet die Häuschen stehen, 1926 nach Bochum eingemeindet und die Straße in Am Rübenkamp umbenannt wurde. Da befanden sie sich aber schon lange nicht mehr im Besitz von Stratenhoff, Brinkmeier und Kretschmer. Stratenhoff hatte sein Haus 1905 an Krupp verkauft, Brinkmeier 1910, Kretschmer 1911. Und dieser Verkauf hat unmittelbar mit den Rissen zu tun: „Das sind Bergschäden", erklärt Lisa Weißmann. Durch den Stollenvortrieb unter Tage kommt das Erdreich in Bewegung, was sich bis an die Erdoberfläche bemerkbar macht. Es kann zu Bergsenkungen kommen, bei denen das Erdreich langsam absackt, sodass am betreffenden Gebäude Schiefstellungen auftreten. Umgekehrt kann sich durch steigendes Grund- oder Grubenwasser auch eine Berghebung ergeben. Risse treten auf, Treppen brechen, Türen und Fenster klemmen. Und genau das ist auch mit den drei Häusern am Rübenkamp passiert.

„Das Treppenhaus zum Beispiel ist extrem schief, der Türsturz zum Keller ist auch schief, überall sind Risse an der Wand zu sehen“, beschreibt die Volontärin die Auswirkungen. Aus Angst vor den Kosten dieser Schäden haben die drei Bauherren dann wohl an Krupp verkauft. Und der wiederum war ausgesprochen froh, diese erwerben zu können, da es viel günstiger war, die Häuser selbst zu besitzen und zu reparieren, als ständig immer wieder die Eigentümer für die Bergschäden, die seine Firma verursacht hatte, zu entschädigen. Dem Buch *Grundzüge des deutschen Privatrechts* von Dr. Hans Planitz von 1925 ist hinsichtlich der Rechtstellung des Bergwerkseigentümers Folgendes zu entnehmen: „Der Eigentümer kann dieser Belastung seines Grundstücks bei längerer Dauer dadurch begegnen, daß er vom Bergwerkseigentümer den Eigentumserwerb fordert. Für den Betrieb des Bergwerks unter Tage ist der Grundstückseigentümer nur so weit entschädigungsberechtigt, als ihm die Benutzung seines Grundstücks beeinträchtigt wird (Bergschäden).“

Und die längere Dauer und die Beeinträchtigung sind wohl im Falle der drei Häuser Am Rübenkamp allemal gegeben. Aber da Krupp die Gebäude nun besaß, musste er niemanden mehr entschädigen. Eine ausgesprochen praktische Lösung!

Mike Durlacher

So geht's zu den Rissen:

Die Risse finden sich an den drei Häusern in der Straße Am Rübenkamp in Bochum-Hordel.

Heinz-Günter Spichartz weiß genau, warum die Steinsäulen hier stehen – und was sie mit Europa zu tun haben.

41

Säulen

Eine Spirale für Europa

Märchenhaft wirkt es. Und verwunschen: Am Rand des großen Grünzugs steht ein Baum – und um ihn herum ein Kreis – oder eher: eine Spirale aus Steinsäulen. Wenn man Glück hat, laufen auch noch ein paar Kanadagänse von den benachbarten Grummer-Teichen zwischen den Steinsäulen hin und her und tauschen sich laut schnatternd aus. Vielleicht lästern sie ja über den Spaziergänger, der grübelnd vor den Steinen steht und sich einfach nicht vorstellen kann, was es mit diesen merkwürdigen Gebilden auf sich haben soll. Wenn Heinz-Günter Spichartz vorbeikommt, hat das Federvieh allerdings nichts mehr zu schnattern. Denn der weiß ganz genau, warum und seit wann sie stehen, wo die Steine eben nun mal stehen: seit 1984. „Es handelt sich um die Europa-Begegnungsstätte, die auf Initiative der Bezirksvertretung Bochum Mitte hier eingerichtet wurde, um den europäischen

Gedanken zu unterstreichen“, erklärt er. „Jeder Stein steht für einen der Mitgliedsstaaten, die die EU damals hatte. Das waren zehn, zwei Jahre später, 1986, kamen dann noch Spanien und Portugal dazu. Deshalb sind es nun zwölf.“ Das weitere Wachsen der EU schlug sich aber nicht in der Bochum'schen Steinspirale nieder – sie hätte dann heute, wo die EU (vor dem Brexit) 28 Mitgliedsstaaten hat, auch ziemlich groß sein müssen.

Die Steine haben eine unterschiedliche Größe. „Der kleinste ist für den kleinsten Staat – Luxemburg“, sagt Heinz-Günter Spichartz. Weitere Steine stehen für Belgien, Dänemark, Deutschland, Griechenland, Frankreich, Irland, Italien, Niederlande, Großbritannien und Nordirland. 1986 kamen Steine für Spanien und Portugal hinzu. Und auch der Baum in der Mitte hat eine Bedeutung: Er soll die Staaten miteinander verbinden, denn die Eiche wächst in jedem der zwölf Mitgliedsstaaten.

„Der kleinste ist für den kleinsten Staat – Luxemburg.“

Der damalige Bezirksvorsteher Theo Stein wünschte sich bei der Einweihung einen starken Baum und ein starkes Europa. Seit der Einweihung des Denkmals ist es ja auch sehr stark geworden, Steins Wunsch hat sich also erfüllt. Jedoch: Inzwischen steckt Europa ohne Frage in einer Krise. Bleibt zu hoffen, dass Europa nicht irgendwann aus nur so vielen Staaten besteht, wie Säulen in der Bochumer Spirale stehen.

Eva-Maria Bast

So geht's zu den Säulen:

Die Säulen befinden sich in den Grünanlagen an der Tenthoffstraße.

Durch dieses Loch kann man sich die Hände reichen, weiß Philipp Unger.

42

Kastanie

Ort der Begegnung

Sicherlich haben Sie schon mal etwas durch die Blume gesagt. Aber haben Sie auch schon mal jemandem durch einen Baum hindurch die Hand gereicht? Nein? Nun, in Bochum können Sie das tun. Da steht nämlich ein riesiger Baum, in dessen Stamm sich ein etwa 20 Zentimenter auf 50 Zentimeter großes Loch – ein natürlicher Spalt – befindet. Das Loch führt komplett durch den Stamm, und man kann sowohl hindurch blicken als auch jemandem die Hand reichen. „Die Esskastanie ist über 100 Jahre alt und etwa zehn Meter hoch", weiß Philipp Unger, Stadtteilführer in Querenburg: „Der Baum war eigentlich größer, seit einigen Jahren wirft er jedoch immer mehr seiner Äste ab."

Die Esskastanie steht schon lange hier, früher umgeben von einem großen Garten: Bis in die 1950er-Jahre war Querenburg noch dörflich. Es gab viele Zechen, etwa die Zeche Klosterbusch (siehe

Geheimnis 02) und seit 1920 eine Arbeitersiedlung, initiiert vom Querenburger Gemeindevorsteher und Landrat August Bahrenberg (1878-1933). Aber mit dem Bau der Universität ab 1964 entstanden viele neue Wohnungen und Straßen wurden neu verlegt. Auch das nahe Opel-Werk förderte die Urbanisierung des Örtchens. Und so befand sich die Esskastanie in den 1960er-Jahren plötzlich auf einem Parkplatz. Immerhin ist heute ein Markt- und nicht mehr länger ein Parkplatz ihr Zuhause: Denn Ende der 1980er-Jahre änderte sich die Nutzung, aus dem Parkplatz wurde ein Marktplatz. Seither steht der Baum in einem Hochbeet auf dem Buscheyplatz. Unger erklärt: „Man kann sich hier auf besondere Art begegnen, indem man sich durch den Baum hindurch die Hände reicht, oder einfach nur einander anschaut. So entsteht ein besonderer Moment, an den man sich gerne zurückerinnert." Gemeinsame Momente sind auch einer der Zwecke des Vereins „University meets Querenburg": Seit der Gründung 2005 haben sich nach vom Verein organisierten Wanderungen oder Führungen schon viele durch diesen Baum die Hand gereicht. „Somit wurde und wird noch immer in besonderer Weise zur Begegnungs- und Straßenkultur in Querenburg beigetragen", fasst Unger zusammen.

Alterwürdig steht die Esskastanie mitten auf dem Buscheyplatz.

Klar – sich durch einen Baum hindurch die Hand zu reichen, hat schon etwas Besonderes. Probieren Sie es doch einfach mal aus!

Mike Durlacher

So geht's zur Kastanie:

Die Kastanie steht mitten auf dem Buscheyplatz an der Querenburger Höhe in Bochum-Querenburg.

43

Eingemauerte Fleischtheke

Kommerz versus Kommunikation?

Was ist denn das? Ein riesiger Betonklotz steht ganz verloren neben dem Kunstmuseum. Man erwartet fast, dass eine Bedienung frische Waren herüberreicht. Denn dieser Betonklotz hat die Form einer riesigen Theke! Sogar eine Kasse – aus Beton – kann man dort erkennen. Was aber sollte jemand neben dem Museum verkaufen wollen? Und noch dazu an einer Theke aus Beton. Kunst? „Nein“, lacht Gästeführer Alexander Schwegl. „Diese Theke ist selbst Kunst. Und sie hat auch einen Namen: Die Olympia-Hymne.“ So weit, so spannend.

Was aber hat eine Fleischtheke mit Olympia zu tun? Dass die Betrachter dieserart ins Grübeln geraten, ist fast schon Teil des Kunstwerks, wie der Künstler selbst einmal klarmachte: „Die Leute stehen meinem Betonklotz genauso sprachlos gegenüber wie den Olympischen Spielen, einem Pseudo-Ereignis, das als Staatsreklame keine Rücksicht auf die arbeitenden Menschen nimmt. Es wird der Gesellschaft suggeriert, dass sie überall teilnehmen kann. Jedoch sind das alles nur Pseudo-Erlebnisse in Form von Konserven, Klischees und Reflexionen.“

Der Künstler heißt Wolf Vostell, wird 1932 geboren, stirbt 1998 und ist ein Pionier der Installation, des Happenings und der Videokunst. Sein künstlerischer Weg beginnt 1950, er besucht die Werkkunstschule an der Bergischen Universität in Wuppertal, dann die Pariser École nationale supérieure des beaux-arts und schließlich, 1957, die Kunstakademie Düsseldorf. Techniken wie Verwischung und das Arbeiten mit Beton werden seine Markenzeichen. Bekannt wird er auch durch seine Happenings (das ist eine Form der Aktionskunst), sein Das Theater ist auf der Straße, das er im Jahr 1958 in Paris schafft, ist das erste in Europa und das Happening Cityrama, das 1961 in Köln entsteht, das erste Deutschlands.

Alexander Schwegl findet die Fleischtheke aus Beton so authentisch, dass er spontan den Verkäufer spielt.

Den Beton entdeckt er in den frühen 1960er-Jahren für sich. Nicht nur Betonskulpturen schafft der Künstler, sondern er malt auch mit flüssigem Beton, benutzt ihn also als Farbe für seine Bilder. Der Werkstoff ist für ihn aber nicht nur Material, in seinen Exponaten finden sich auch Betonklötze und Menschen, die Körper wie riesige Betonklötze haben. In seinen späteren Werken verwendet er auch flüssiges Blei, das er über seine Bilder gießt.

„Seine Kunst hatte auch immer eine politische Dimension", sagt Alexander Schwegl. „Er thematisiert in seinen Werken den Zweiten Weltkrieg, den Holocaust, den Vietnamkrieg, den Koreakrieg, den Kalten Krieg und den Krieg in Bosnien." Aber auch Deutschlands Innenpolitik beschäftigt den Künstler. Wirtschaftswunder und Mauerfall zum Beispiel. Und die Kritik am Kapitalismus. In diesem Zusammenhang, sagt Schwegl, sei 1972 auch das Werk in Bochum entstanden. Das bedeutet, dass nicht das Kunstwerk selbst das Eigentliche, das Wesentliche ist, sondern die Idee dahinter. „Das Kunstwerk entstand im Zusammenhang mit dem Ruhr Park, das ist ein riesengroßes Einkaufszentrum, in dem es vor allem um Kommerz geht", erklärt er. „Ich glaube, dass er mit dem Kunstwerk auf den alten Zauber des Einkaufens hinweisen und klarmachen wollte, dass der mit der zunehmenden Kommerzialisierung verloren geht", sagt Schwegl. „Früher waren die Läden, die Tante-Emma-Läden, ja vor allem auch Orte der Kommunikation. Und an einer Fleischtheke kaufte man eben nicht nur Fleisch, sondern tauschte auch Neuigkeiten aus, sprach miteinander." Der Künstler wolle mit seinem Werk auf den Wandel im Sozial- und Konsumverhalten hinweisen. Und der Bezug zu Olympia ist ebendieser, wie der Künstler selbst sagt: „Bei den olympischen Spielen werden Millionen von Mark für unnützes

Der riesige Betonklotz neben dem Museum gibt Rätsel auf.

Zeug und für eine miese Leistungs-Ideologie verpulvert. Was wir brauchen, sind keine Olympischen Spiele, sondern Aktionen, die den Menschen klarmachen, welche Frustrationen ihnen diese Leistungsgesellschaft aufzwingt."

Und wie kommt der Pionier der Kunstformen Environment, der Videokunst, des Happenings und der Fluxus-Bewegung ausgerechnet nach Bochum? Das hat mit der ortsansässigen Galeristin Inge Baecker zu tun, die er 1970 kennenlernte und mit der er in den Folgejahren viel zusammenarbeiten sollte. Als sie 1972 mit dem Ruhr-Park die 1. Bochumer Kunstwoche veranstaltete, steuerte Vostell seine Fleischtheke bei – es gab noch mehrere Aktionen zum Thema Konsumgesellschaft.

„Ich glaube, dass er auf den alten Zauber des Einkaufens hinweisen wollte und dass der mit der zunehmenden Kommerzialisierung verloren geht."

Man darf sich das aber nicht so vorstellen, dass er eine Fleischtheke aus Beton goss und aufstellte: So, wie meistens hinter einer harten Schale ein weicher Kern steckt, steckt in dieser harten Schale ein Stück Bochumer Einzelhandelsgeschichte. Es handelt sich nämlich um eine echte Ladentheke, um die des Metzgers Herker aus Bochum-Wiemelhausen.

An der Theke unter diesem Beton fand also genau das statt: Kommunikation. Austausch. Und natürlich auch Wurstverkauf. Vostell betonierte sie samt der Kasse ein. Und samt des Geldes.

Eva-Maria Bast

So geht's zur eingemauerten Fleischtheke:

Sie steht neben dem Kunstmuseum Bochum an der Ecke Bergstraße/ Schillerstraße.

Dass dieser Grabstein hier steht, entbehrt nicht einer gewissen Ironie, wie Simone Gottschlich weiß.

44

Grabstein

Gerücht um das kühle Blonde

Auf was bierselige Zungen manchmal kommen, ist verwunderlich. „Ich weiß nicht, wer sich so was ausdenken kann", sagt Simone Gottschlich. Wobei: Eigentlich weiß sie es ganz genau, denn als sie die Geschichte zu erzählen beginnt, steht sie neben dem Grabstein des Mannes, dessen Enkel sich eben das ausgedacht hat. Und es wird noch besser: Der Grabstein steht nämlich wiederum auf dem, was das Enkelchen ersonnen hat. Verwirrt? Kein Problem: Die Stadträtin klärt auf: „Das alles hat mit Gerstensaft zu tun."

Dass es in Deutschland gutes Bier gibt, ist weltweit bekannt. Dass es gutes Bier nicht nur in Bayern gibt, auch. Und dass die Deutschen ihr Bier gerne trinken, und das schon in der Vergangenheit, ist ebenfalls bekannt. So heißt es in Johann Heinrich Zedlers (1706-1751) *Grosses vollständiges Universal-Lexicon aller Wissen-*

schaften und Künste, die Deutschen seien „verstaendig, aufrichtig, tapffer und arbeitsam, wurden aber vorzeiten insgeheim der Trunckenheit beschuldiget, deren sie doch mehr aus einer Gewohnheit als Trieb ihrer Natur ergeben gewesen." Auch Johann Diederich von Steinen (1699-1759) schreibt 1749 in seinem *Versuch einer Westphälischen Geschichte* von diesem Umstand: „Allein obs gleich wahr ist/ daß so wol die Zanksucht als Trunkenheit/ leider bey vielen/ auch unsern Grafschaft Maerkischen Einwohnern zur Gewohnheit worden ist/ so kan doch/ besonders das letzte/ ihnen nicht als etwas eigenthuemliches zugeschrieben werden; Indem sich solch Laster auch bey andern Voelkern/ welche nicht nach der Vernunft und Vorbilde ihres Heylandes wandeln haeufig gnug findet."

Ob Trunkenheit oder Gewohnheit, wer braute, konnte auf guten Absatz hoffen. So auch die Privatbrauerei Moritz Fiege, sie überstand Kriege und Wirtschaftskrisen und ist nicht mehr aus Bochum wegzudenken. Und ausgerechnet im Zusammenhang mit dieser Brauerei ist, vielleicht am Stammtisch, dann manchmal die Rede vom „Bochumer Leichenwasser". Man mag schon einmal vom „Alsterwasser", dem leichten Bier-Limonaden-Getränk aus Hamburg, gehört haben, aber „Bochumer Leichenwasser"?

„Dieser Bär wird gerne Touristen aufgebunden", weiß Simone Gottschlich. Denn eine Legende erzählt, dass die Quelle für das Moritz-Fiege-Pils unterhalb des Kortum-Parks, einem ehemaligen Friedhof – eben der, auf dem auch besagter Grabstein steht – läge. Und dass das Wasser, das dort zwischen den Gräbern versickere und sodann Eingang ins Brauwasser finde, den Geschmack von Leichen annehme. Dass diese Behauptung vermutlich von Personen geäußert wird, denen dieses Pils nicht schmeckt oder die einfach nur ein Witzchen reißen wollen, ist naheliegend. Dabei hat Moritz Knühl-Fiege (1879-1961), der in den 1920er-Jahren die Privatbrauerei führte, gewissermaßen selbst für dieses Gerücht gesorgt. Denn damals trafen sich die Braumeister regelmäßig zu einer Stammtischrunde, die Wirte luden im Wechsel ein. Als an einem Abend, an dem Fiege Gastgeber war, eine neue Runde Bier an den Tisch gebracht wurde, kam ein Fiege-Pils zu wenig. Fiege, höflich wie er war, bot seinem Konkurrenten und Mitzecher, dem Chef der Schlegel-Brauerei, sein eigenes mit dem Kommentar an: „In meinem Keller habe ich noch mehr als genug davon." Das konnte Schlegel nicht auf sich sitzen lassen, prahlte Fiege doch offensichtlich mit seinem gerade erweiterten Lagerkeller, was ihm sein Gegenüber nicht gönnte und prompt konterte: „Moritz, du mit deinem Friedhofswasser." Als Witz ins Leben gerufen, hielt sich diese Bemerkung allerdings auch noch am nächsten Tag und verbreitete sich.

Noch heute kommt das Gerücht immer wieder auf, doch jeder weiß genau, was es ist: ein Scherz, damals wie heute. Allerdings nahm Fiege dem Schlegel den Scherz krumm, und er trug nicht gerade zur Entspannung zwischen den beiden Konkurrenten bei.

Und kurioserweise liegt der Opa des Scherzkekses, Johann Joachim Schlegel (1821-1880), eben auf jenem Friedhof begraben. Für das Bierbrauen relevantes Wasser fließt darunter aber nicht hindurch. Denn dran ist an der von Schlegel aufgebrachten Geschichte freilich rein gar nichts: Beim Studium von Grundwasser- und Bodenkarten wird auf den ersten Blick deutlich, dass die Fließrichtung der Grundwasserströmung weit von der Brauerei wegführt. Auch besitzt selbige einen eigenen Tiefbrunnen, aus dem das Wasser gewonnen wird, und der dringt tief in das Erdreich ein, sodass in keinerlei Weise eine Vermischung von gutem, klaren Brauwasser und „Friedhofswasser" möglich ist. Schlegels Behauptung ist damit widerlegt, auch sein Grab kann den Geschmack des Fiege-Biers definitiv nicht trüben. Als Getränkeproduzent untersteht die Brauerei obendrein strengsten Vorschriften. „Man kann das Bochumer Bier also bedenkenlos trinken, feinherb und lecker", freut sich Gottschlich. Na dann, Prost!

Mike Durlacher

So geht's zum Grabstein:

Johann Joachim Schlegels Grabstein befindet sich im hinteren Teil des Kortum-Parks an der Anhöhe.

Kaum noch zu entziffern: Die Buchstaben unter dem Sims.

45

Inschrift und Türrahmen

Segen für die Kirche

Die Inschrift über der Tür an der Nordseite der Christuskirche in Langendreer ist nicht leicht zu entdecken, denn sie befindet sich an der von der Alten Bahnhofstraße abgewandten Seite. Steht man dann aber auf der Wiese hinter der Kirche, kann man sie links oben auf dem Türsturz erkennen. Das Entziffern ist allerdings schwer. Wie gut, dass Gerhard Nötzel dabei ist, der weiß, was dort einst stand und der sein Wissen obendrein bereitwillig teilt: „Es ist ein Bibelvers, genauer gesagt, aus dem ersten Buch Mose." Er lautet: *Wie heilig ist diese Stätte! Hier ist nichts anderes als Gottes Haus, und hier ist die Pforte des Himmels.*

Der Autor Johann Diederich von Steinen hat sich in seinem 1757 veröffentlichten Buch *Westphaelische Geschichte mit vielen Kupfern. Dritter Theil* von 1757 mit der Kirche auseinandergesetzt. Auch der Inschrift widmet er einige Zeilen und schreibt: „Ueber der

Thuer nach Sueden stehet: D.T.O.M.S. 1742. Ueber der Thuer nach Norden, sind die Worte eingehauen aus 1.B.Mos.28,17. Wie heilig … Himmels." *D.T.O.M.S.* steht dabei für „deo ter optimo maximo sacrum", was lateinisch „dem dreimal besten und größten Gott geweiht" bedeutet. Was für ein wunderschöner Spruch an der Nordtür, der eine Kirchentür zur Himmelspforte erhebt!

Kaum hat Gerhard Nötzel das Rätsel der Inschrift gelöst, will er noch ein weiteres Geheimnis verraten und deutet auf die Steine des Türrahmens, die anders aussehen als die sie umgebenden Mauersteine. Diese sind eher grob in Form gehauen, während die Steine des Türrahmens viel feiner und glatt gearbeitet sind. „Das hängt mit dem Fortschritt der Technik zusammen", erklärt Nötzel. Im 19. Jahrhundert wurde mit Gas geheizt, und die Brenner standen in der Nähe der Türen. „Und wenn beide Türen offen waren, gab es Durchzug und die Flamme des Brenners wäre ausgegangen." Da es früher auch noch keine Bimetall-Schalter gab, die die Gaszufuhr abdrehen, wenn die Zündflamme erlischt, wäre auch weiter Gas ausgeströmt – eine große Gefahr für die Kirchgänger. Doch die Lösung lag auf der Hand: eine der Türen einfach zumauern, sodass kein Zug entstehen kann. „Nach dem Zweiten Weltkrieg wurde die Kirche wiederhergerichtet und renoviert, 1956 bekam sie sogar eine elektrische Heizung", erzählt Nötzel weiter. Da war der Durchzug nicht mehr so wichtig, man konnte die Tür wieder öffnen.

Und deshalb sind auch die Steine des Türrahmens, an dessen Sturz sich die Inschrift befindet, neuer und feiner als das umgebende alte Gemäuer. Ein Türrahmen – so voller Geheimnisse. Und so voller Geschichte.

Mike Durlacher

So geht's zur Inschrift und zum Türrahmen:

Die Inschrift und der Türrahmen befinden sich an der Nordseite der Christuskirche in Langendreer in der Alten Bahnhofstraße.

Prachtvoll: Die Fassade des einstigen Hansa-Hauses in der U-Bahn-Station.

46

Fassadenrest

Einfach mal nach unten gewandert

Schöner könnte er nicht sein, der Eingang in die U-Bahn-Station Rathaus Süd. Wer hier, unmittelbar vor der „Drehscheibe“, in die Tiefen steigt, kann in einem Seitengang prachtvolle Fassadenreste bestaunen. Absolut untypisch für eine U-Bahn! Doch – man mag es sich denken – es gibt einen sehr guten Grund dafür, warum die Jugendstil-Fassadenreste genau da sind, wo sie sind. Und den kennt der Bochumer Gert Hille. „Dort, wo sich heute die Drehscheibe befindet, stand bis in die 1970er-Jahre das Hansa-Haus“, erzählt der einstige Stadtbaumeister. „Ich habe damals sehr darum gekämpft, dass es erhalten wird, aber es ist mir nicht gelungen.“ Doch wenigstens einige Fassadenteile des prachtvollen alten Gebäudes ließen sich retten. „Beim Umbau der U-Bahn-Station entstand die Idee, die Gebäudeteile hier zu vermauern. Im Keller des einstigen Hansa-Hauses sozusagen“, erklärt Hille.

Das Hansa-Haus war nicht einfach nur ein Haus, sondern ein riesiger Gebäudekomplex – eben ganz wie die heutige Drehscheibe, nur schöner. Drei Jahre, von 1908 bis 1911, hatte es gedauert, das Hansa-Haus zu errichten, Architekt war Otto Herold (1871-1934). Außen beeindruckte die prachtvolle Jugendstil-Fassade, drinnen konnte man Spaß haben. Und zwar jede Menge: Das Hansa-Haus beheimatete Restaurants und Cafés, es gab eine Stehbierhalle, man konnte Billard spielen, ein Varieté besuchen, sonntags fanden Box-Matineen statt, und in der „Tonhalle" wurden in den 1920er-Jahren als erstem Kino in Bochum nicht nur Stumm-, sondern auch Tonfilme gezeigt.

Rund 50 Jahre später war es mit dem regen Innenleben dann auch wieder vorbei, in seinen letzten Jahren fristete das Hansa-Haus ein trauriges Dasein als Möbellager – allerdings immerhin für das namhafte und bekannte Möbelgeschäft Hein de Groot.

Bis es in den 1970er-Jahren abgerissen wurde. „Was mich so schmerzt", sagt Gert Hille und blickt traurig auf die Fassadenteile in der U-Bahn, „was mich so schmerzt, ist der Umstand, dass hier in Bochum ja wirklich nicht mehr viel war nach dem Krieg. Und dann bleibt da so ein wunderschönes Haus stehen und man reißt es ab."

Immerhin: Einige Relikte des Hansa-Hauses haben überlebt und wurden ergänzt: um zwei Erker nach Vorlage des einstigen Hansa-Hauses und eine Bronzebüste, die Carl Arnold Kortum (1745-1824) – wen sonst? – nebst Buch in der Hand zeigt.

Ein Stück vom Hansa-Haus ist also noch geblieben. Wenn auch nur ein kleines.

Eva-Maria Bast

So geht's zum Fassadenrest:

Man kann ihn in der U-Bahn-Station Rathaus Süd in der Fußgängerebene bewundern.

Volker Brico vor dem kleinen Eingang zum Atomschutzbunker.

47

Stahltür

Dicke Wände gegen den Knall

Die Tür an der Parkhauswand sieht merkwürdig aus: Riesengroß ist sie, massiv und aus Stahl. Links neben ihr befindet sich eine kleinere, die nach außen gewölbt und über einen langen Hebel zu öffnen ist. „Die Wölbung nach außen dient der Stabilität", erklärt Volker Brico, Prokurist bei der Wirtschaftsentwicklungsgesellschaft Bochum. „Sie versteift die Tür und ist gegen Druck von außen widerstandsfähiger." Doch warum braucht man in einem Parkhaus eine – oder besser zwei – so widerstandsfähige Türen? Und wohin führen sie überhaupt? Brico erklärt: „Das ist der Eingang zu einem der Bochumer Atomschutzbunker." Die große Tür war für Fahrzeuge und Anlieferungen gedacht, die kleinere für Personen.

Es war die Zeit des Kalten Kriegs, die Kubakrise von 1962 lag nur drei Jahre zurück, als dieser Atomschutzbunker unter dem heutigen Parkhaus direkt beim Hauptbahnhof gebaut wurde. Deutschland war als direkter Berührungspunkt der Großmächte USA und Sowjetunion besonders gefährdet. „Das Ruhrgebiet lag in der britischen Besatzungszone. Die innerdeutsche Grenze war nicht weit entfernt, und neben den beiden deutschen Hauptstädten Berlin und Bonn war das Ruhrgebiet mit seiner Schwerindustrie ein wichtiges und lohnendes Ziel", erläutert Brico die angespannte Situation.

Bunker gab es in Bochum natürlich schon seit dem Zweiten Weltkrieg und etliche sind immer noch erhalten, sei es das „Zentralmassiv" am Springerplatz (siehe Geheimnis 38), der untere Teil des Exzenterhochhauses, der Bunker „Am Pumpwerk" in Bochum-Dahlhausen oder der in der Hammer Straße, um nur einige zu nennen. Schutz gegen einen Atomkrieg boten diese Bauwerke aber nicht, weshalb sich die Stadt Bochum im Zugzwang sah, als die Lage immer bedrohlicher wurde.

Schon 1957 war in Bad Godesberg die Bundesdienststelle für zivilen Bevölkerungsschutz eingerichtet worden, die Vorgängerdienststelle des heutigen Amtes für Zivilschutz. Noch im selben Jahr, am 9. Oktober, erging das *Erste Gesetz über Maßnahmen zum Schutz der Zivilbevölkerung.* Dessen erster Paragraph fasst die Aufgabe des Gesetzes zusammen: „Der zivile Luftschutz hat die Aufgabe, Leben und Gesundheit der Bevölkerung, ihre Wohnungen, Arbeitsstätten und die für die Befriedigung ihrer Lebensbedürfnisse wichtigen Einrichtungen und Güter, insbesondere auch das Kulturgut, gegen die Gefahren von Luftangriffen zu schützen und die im Zusammenhang mit Luftangriffen auftretenden Notstände zu beseitigen oder zu mildern. Die Selbsthilfe der Bevölkerung wird durch

Einer der Gänge im Bunker, links ist ein Überdruckventil zu sehen.

behördliche Maßnahmen ergänzt."
Das umfasste natürlich auch die Einrichtung von Schutzraumbauten. Diese Schutzräume mussten für die Benutzer der Gebäude „einschließlich der erfahrungsgemäß vorrübergehend anwesenden Personen" ausreichen. Im Gegensatz zu den Bunkern aus dem Zweiten Weltkrieg, die nur kurzzeitig aufgesucht wurden, um vor den alliierten Bomberverbänden in Deckung zu gehen, waren Atomschutzbunker dafür ausgelegt, die Menschen für bis zu zwei Wochen vor der Explosion und der begleitenden Druckwelle zu schützen. Außerdem sollten sie die Schutzsuchenden auch vor dem durch die nukleare Reaktion entstehenden nuklearen Niederschlag, dem „Fallout", bewahren. Diesem begegnete man mit speziellen Filteranlagen und einem leichten Überdruck im Inneren des Bunkers, was verhindern sollte, dass Gase in den Schutzraum gelangen.

„Damit hätte man versuchen können, Kontakt mit der Außenwelt zu halten, wenn denn die Leitungen den Knall überstanden hatten."

„Der Bunker hier im Parkhaus P7 beim Hauptbahnhof war für etwa 2.500 Leute ausgelegt", erklärt Brico, und man kann sich vorstellen, wie eng es hier unten im Ernstfall zugegangen wäre. Im Bochumer Atomschutzbunker befand sich alles, was die Menschen gebraucht hätten: sanitäre Anlagen mit Duschen und Toiletten, Küchen, Wasseraufbereitungsanlagen, Generatoren, Klimaanlagen und auch ein Kommandostand. „In diesem steht neben vielen Schalterschränken auch ein einzelnes Telefon", sagt Brico. „Damit hätte man versuchen können, Kontakt mit der Außenwelt zu halten, wenn denn die Leitungen den Knall überstanden hatten."

Wem die zwei Wochen maximaler Aufenthalt im Bunker extrem knapp vorkommen, der unterliegt einem Irrtum. Denn die nukleare Kontaminierung durch eine Atombombe ist nicht so langfristig wie die durch ein havariertes Atomkraftwerk, beste Beispiele dafür sind Fukushima, Hiroshima und Nagasaki. Während der Ort des Atomkraftwerks auf Jahrhunderte oder Jahrtausende verseucht bleiben wird, wurden die beiden japanischen Städte Hiroshima und Nagasaki, die durch die ersten Atombombenabwürfe vollständig zerstört wurden, rasch nach dem Ende des Zweiten Weltkriegs im Pazifikraum wiederaufgebaut und besiedelt.

Nach dem bis zu zwei Wochen andauernden Aufenthalt im Bunker sollten dann die dorthin Geflüchteten herauskommen und mittels Bussen in sichere Gebiete gebracht werden. Um rechtzeitig in den Bunker zu gelangen – es gab insgesamt fünf solcher Tiefbunker in Bochum, unter anderem unter der Tiefgarage am Husemannplatz –, mussten die Leute gewarnt werden. Dies wurde über Sirenen bewerkstelligt, circa 70.000 gab es damals deutschlandweit, heute sind davon nur noch etwa 35.000 erhalten. Im Gesetz vom Oktober 1957 ist auch von der Einrichtung eines Luftschutzhilfsdiensts die Rede. Jeder, der wollte, konnte dort als Freiwilliger vorstellig werden und erhielt eine Ausbildung und Unterweisungen.

Die Sirenen haben lang schon ausgedient, die Bunker auch. Der Kalte Krieg ist vorbei, wenn es um die weltweite Sicherheitslage derzeit auch nicht zum Besten bestellt ist. Viele Schutzräume werden entweder verfüllt oder anderweitiger Nutzung zugeführt. Als Party- oder Veranstaltungsräume, Lagerfläche oder, wie im Fall des Atomschutzbunkers im Parkhaus P7 am Südring, zu einem weiteren Parkdeck. Brico findet: „Das ist eine eindeutig bessere Nutzung."

Mike Durlacher

So geht's zur Stahltür:

Die Stahltür befindet sich unter dem Parkhaus P7 gleich beim Bahnhof am Südring 1.

Uli Auffermann an der abgesperrten Einleitungsstelle.

48

Türkise Teiche

Warmes Wasser mit merkwürdiger Farbe

Nanu, was riecht denn hier so komisch? Das erste, was Besuchern auffällt, wenn sie durch die weitläufige Grünanlage zwischen dem Werner Hellweg und dem großen Einkaufszentrum Ruhr Park bei Bochum-Harpen spazieren, ist ein merkwürdiger Geruch. Man kann ihn nicht so recht einordnen, je näher der verwunderte Spaziergänger den türkis schimmernden Harpener Teichen kommt, desto intensiver wird er. „Keine Angst, es riecht nicht immer, manchmal etwas stärker, manchmal kaum wahrnehmbar", sagt der Bochumer Autor und Fotograf Uli Auffermann, der hier ganz in der Nähe aufgewachsen ist. Aber was ist es denn nun, das diesen nicht gerade prickelenden Duft verursacht? Auffermann deutet auf die Harpener Teiche, die auch oft Werner Teiche genannt werden. Ein Sprudeln ist zu hören, der Geruch wird intensiver. Und dann kann man es sehen: Im südlichen Uferbereich der Harpener Teiche sprudelt hinter einem Zaun eine Menge Wasser. Dampfend, türkis und nicht eben mit sonderlichem Wohlgeruch gesegnet. „Das Wasser, das hier in den Teich läuft, stammt von tief unter der Erde, es ist Grubenwasser“, sagt Auffermann. Denn in etwa 600 Metern Tiefe wird das Grubenwasser der ehemaligen Zeche Robert Müser hinaufgepumpt und hier in den Teich geleitet, als Teil der Ewigkeitsaufgaben im Ruhrgebiet (siehe Geheimnis 34). „Nachdem die Zeche Ende der 1960er-Jahre geschlossen worden war, verwilderte das brachliegende Gelände und wurde zum Abenteuerspielplatz für uns Jungen aus der Nachbarschaft“, erinnert sich Auffermann. „‚Schlammteiche‘ nannten wir die alten Klärteiche der Zeche, und rundum war noch alles schwarz von Kohlenstaub. Nach und nach eroberte sich die Natur Teile des Areals zurück, doch erst in den 1980er-Jahren wurde das ehemalige Zechengelände komplett renaturiert und zu einem öffentlich zugänglichen Park.“

Doch zurück zum Wasser: Es ist sehr mineralhaltig und transportiert vor allem Chlorid. Dieses Salz sorgt für die milchig-türkisen Schlieren in den Harpener Teichen. Für den Geruch ist hauptsächlich Schwefelwasserstoff verantwortlich, der in Verbindung mit organischem Material nach faulen Eiern riecht. „Gerade im Sommer ist es oft etwas stärker wahrnehmbar“, erzählt Auffermann. Um dem entgegenzuwirken, setzt die RAG Deutsche Steinkohle AG, die mit den Ewigkeitsaufgaben betraut ist, dem Grubenwasser Wasserstoffperoxid bei, das mit dem Schwefel reagiert und es so in weniger geruchsintensive Stoffe umwandelt. Bevor das Wasser in die Teiche fließt, nutzt die Stadt es aber noch anderweitig: Über Rohre gelangt das warme Wasser zu den Stadtwerken. Dort

Das türkisfarbene Wasser sieht zwar schön aus, aber es riecht nicht gut!

wird es zunächst gefiltert, damit beim nächsten Schritt das Gerät – ein Wärmetauscher – nicht beschädigt wird.

Während nämlich auf der einen Seite einer Platte Trinkwasser fließt, fließt auf der anderen Seite das warme und gefilterte Grubenwasser und gibt seine Wärme an das Trinkwasser ab, ohne sich mit diesem zu vermischen. Das warme Trinkwasser hat dann beinahe dieselbe Temperatur wie das Grubenwasser, etwa 20 Grad Celsius und wird, nachdem es noch weiter erhitzt wurde, zu zwei Schulen und der Hauptwache der Bochumer Feuerwehr geleitet. So verschwenden die Empfänger keine Wärme und können Heizenergie sparen. 300 Tonnen Kohlenstoffdioxid wurden seit 2012 eingespart.

„Keine Angst, es riecht nicht immer, manchmal etwas stärker, manchmal kaum wahrnehmbar.“

Dem stillgelegten Bergwerk ist übrigens nicht nur das türkisfarbene Wasser zu verdanken, sondern auch die Anwesenheit von zahlreichen Vögeln: „Viele Wasservögel haben die kaum einmal zufrierenden Teiche zu ihrem Winterquartier erkoren“, ergänzt Uli Auffermann. Türkisfarbenes Wasser und Vogelgesang. Es könnte so idyllisch sein. Wenn es an der Einlaufstelle nur nicht so furchtbar stinken würde!

Mike Durlacher

So geht’s zu den türkisen Teichen:

Die Harpener Teiche befinden sich zwischen dem Werner Hellweg und dem Bochumer Ruhrpark.

Pfeiler

Ein Gebäude zieht um

Sonderlich stabil sieht das nicht aus: Die rechteckigen Pfeiler in der Jahrhunderthalle sind mit dem Sockel weder verschweißt noch genietet oder verschraubt! Nur ihr Gewicht hält sie an Ort und Stelle, sie liegen lediglich in einem Gelenk auf. Wenn man stark genug wäre, könnte man die Säulen einfach emporheben. Durchaus beunruhigend, könnte man meinen, doch Heike Brauckhoff, Leiterin Touristik der Jahrhunderthalle Bochum, winkt lächelnd ab und beruhigt: „Die Konstruktion hält bombenfest, früher hingen hier auch Kräne an der Hallendecke, die eine Last bis zu 20 Tonnen heben konnten."

Gut – halten tut es also. Trotzdem stellt sich die Frage, warum die Säulen nicht auf konventionelle Weise befestigt wurden und die Bauherren das Risiko einer potenziellen Schwachstelle eingingen. Die Antwort auf diese Frage hängt mit der Tatsache zusammen, dass die Jahrhunderthalle früher in Düsseldorf stand. Sie wurde für die „Industrie- und Gewerbe-Ausstellung für Rheinland, Westfalen und benachbarte Bezirke, verbunden mit einer deutsch-nationalen Kunst-Ausstellung" am Rhein entworfen, die dort 1902 stattfand. „Doch das Gebäude nur für diesen Zweck zu verwenden, wäre Verschwendung gewesen", sagt die Expertin.

„Die Konstruktion hält bombenfest, früher hingen hier auch Kräne an der Hallendecke, die eine Last bis zu 20 Tonnen heben konnten."

Also wurde die Jahrhunderthalle von vornherein so konzipiert, dass sie nach der Ausstellung ab- und an anderer, nämlich der Stelle, wo sie heute steht, wieder aufgebaut werden konnte. „Der Auf- und spätere Abbau der Hallenkonstruktion in Düsseldorf musste mithilfe dieser Gelenke vollzogen werden", weiß Brauckhoff. Man legte die beiden Einzelteile flach auf den Boden, verband sie am Scheitelpunkt

Heike Brauckhoff weiß, warum diese Säulen nicht fest auf dem Boden stehen.

mit einem dritten Gelenk und richtete sie mithilfe von Seilzügen auf. Nun konnten die Arbeiter in Ruhe die nötige Querverbindung zu den bestehenden Pfeilern bauen und entsprechend, wie bei aufgestellten Dominosteinen, den nächsten Bogenbinder montieren und aufrichten. Dies funktionierte in umgekehrter Reihenfolge beim Abbau der Konstruktion und Wiederaufbau in Bochum. Da das Verschweißen noch gar nicht erfunden war, gab es kaum eine andere Möglichkeit. Denn mittels dieses Gelenks wurden die physikalischen Kräfte auf einen Punkt konzentriert. Dadurch konnten die Statik und die auftretenden Kräfte genau berechnet und so die Halle sicher und materialsparend gebaut werden. Auch die Montage war durch die Trennung von Pfeiler und Fuß um ein Vielfaches einfacher. Wie Zeltstangen konnten die Teilbögen der Konstruktion einzeln gefertigt und dann vor Ort zusammengesetzt werden, was auch den Transport vereinfachte. Diese Art der Verbindung war außerdem unempfindlich gegen Kälte oder Wärme. Wenn sich der Boden etwa durch das Gewicht der Konstruktion oder ein mangelhaftes Fundament senkte, konnte dies bis zu einem gewissen Grad auch durch das Gelenk kompensiert werden. Stöße konnten ihm auch nichts anhaben, der Säulenfuß blieb durch eine leichte Wölbung, die in die gegengleiche Form des Sockels passte, wo er war, da das Gewicht der von oben drückenden Konstruktion ihn in seine Lager presste.

Der Pfeiler hält sich allein durch Schwerkraft im Sockel.

Alles saß also bombenfest an Ort und Stelle, auch der Turm, der an der Seite der Ausstellungshalle in den Himmel ragte. Über selbigen schrieb der Bochumer Verein an den Architekten Heinrich Schumacher : „Ein wichtiges Motiv für die äußere Erscheinung des Gebäudes bildet der

Glockenturm, der zur Aufnahme eines Gußstahlgeläutes bestimmt ist." Denn in Gotteshäusern kamen die Glocken, für die der Verein berühmt war, nun mal in erster Linie vor. Und mit dem Turm war es noch nicht genug: „Wie eine Basilika sollte der Pavillon dreischiffig sein, mit einem Mittelschiff und zwei Seitenschiffen", erklärt Heike Braukhoff. Von dem kirchenähnlichen Charakter ist heute nichts mehr zu erkennen, und auch der Turm ist verschwunden. Heike Brauckhoff vermutet jedoch, dass er wiederverwertet wurde. Und sie hat auch eine Idee, als was: „Es ist zwar nicht ganz sicher, aber die Ähnlichkeit zwischen der Konstruktion des Glockenturmes und des alten Wasserhochbehälters kann man nicht von der Hand weisen."

Die Basis der Hallenpfeiler sieht merkwürdig aus.

Architekt Heinrich Schumacher schuf eine dem damaligen Zeitgeschmack entsprechende, gotisch anmutende Fassade und verkleidete die gesamte Stahlkonstruktion mit Gipswänden. Teilweise tat er das in Weiß, teilweise mit einem rötlichen Ton, um Sandstein zu simulieren. Auch der Innenraum der Halle war in Düsseldorf weitgehend mit Gips verkleidet, um das Stahlfachwerk zu verstecken. In den niedrigeren Seitenschiffen waren massiv wirkende Arkaden zu sehen. Dies stand im krassen Gegensatz zu den luftig wirkenden und erhöht liegenden Gelenkfüßen der massigen Säulen – ebenjene, die der Mittelpunkt unserer Geschichte sind – ,die der Halle den sakralen Eindruck gaben.

Und das Prestigestück des Vereins, die Glocke, hing während der Ausstellung oben im Turm und wurde von einer elektrischen Anlage geläutet. Dies führte allerdings zu gewissen Spannungen zwischen dem Bochumer Verein und den Ausstellungsbüros. So beschwerte sich ein gewisser Lueg von ebenjenen Büros, dass wegen des Geläutes zu Probezwecken „bei der derzeitigen nervösen Hast, die auf unseren Ausstellungsbureaus vor Beginn der Ausstellung sich über all geltend macht, derartiges Glockengeläut keine angenehme Begleiterscheinung für die Arbeit ist", wie dem Brief zu entnehmen ist. Würde man dieses Geläut, das sicher nur zu Probezwecken wäre, nicht bald einstellen, würde das Ausstellungsbüro Protest einlegen. Der Kommentar des Chefs des Bochumer Vereins an den Geheimrat liest sich äußerst amüsant. „Betreffender scheint nicht gerade ‚läutselig' zu sein", heißt es da. Und man wolle ja „des Betreffenden sichtliche Nervosität [...] nicht so hoch steigern, wie unser Ausstellungsturm ist."

„Wie eine Basilika sollte der Pavillon dreischiffig sein, mit einem Mittelschiff und zwei Seitenschiffen."

Mike Durlacher

So geht's zum Pfeiler:

Der Pfeiler befindet sich im langgestreckten Teil der Jahrhunderthalle Bochum, mitten im Westpark an der Alleestraße/Gahlensche Straße.

Die rostige Schale hatte einst eine wichtige Funktion.

50

Feuerschale

Eine riesige Geburtstagskerze

Sie ist groß, sie ist rostig, und sie steht ein wenig verloren im Schatten des mächtigen Bismarckturms. Doch bevor wir der rostigen Schale mehr Beachtung schenken, will Heinz-Günter Spichartz erst einmal von dem 1910 eingeweihten Bismarckturm erzählen, der zwar ein beliebtes Ausflugsziel ist, dessen Geschichte nach Einschätzung des Bochumer Hobbyhistorikers aber kaum jemand kennt. „Erst recht wissen die meisten Menschen nicht, dass es viele Türme wie diesen gibt." Und dass es sich bei ihnen im Grunde um nichts anderes handelte, als um riesige Geburtstagskerzen, was wiederum mit der rostigen Schale zusammenhängt. Doch der Reihe nach: Ab 1869, noch zu Lebzeiten Otto von Bismarcks (1815-1898), aber erst recht nach seinem Tod, entstanden zur Erinnerung an ihn und seinen Mythos Dutzende Denkmäler. Um diesen Bauten eine einheitliche Form zu geben, startete die Deutsche Studentenschaft noch im Todesjahr einen Aufruf: „So wollen wir unserem Bismarck zu Ehren auf allen Höhen unserer Heimat, von wo der Blick über die herrlichen deutschen Lande schweift, gewaltige granitene Feuerträger errichten. Überall soll als ein Sinnbild der Einheit das gleiche Zeichen entstehen von ragender Größe, aber einfach und prunklos in schlichter Form auf massivem Unterbau." Es waren einheitliche Gedenkfeuer für Bismarcks Geburtstag am 1. April, an seinem Todestag, dem 30. Juli, und am Tag der Reichsgründung am 18. Januar geplant. Die lodernden Flammen sollten verkünden, dass der erste Kanzler und sein Werk nicht vergessen sind. Denn er hatte nicht nur die Gründung des Deutschen Reiches maßgeblich vorangetrieben, sondern auch mit sozialen Reformen den einfachen Mann im Land gestärkt. Die Türme waren im Grunde Feuersäulen und die Fammen vier bis fünf Meter hoch und weithin sichtbar. „Dafür diente auch die rostige Schale, die heute neben dem Turm steht", sagt Spichartz. „In ihr wurde das Feuer entzündet." Früher stand sie freilich nicht neben, sondern auf dem Turm. Unzählige Türme als Ehre für ihn, der er 1871 gewissermaßen als Architekt des bis dahin in so viele Fürstentümer und Königreiche zersplitterten Deutschen Reiches agierte, eine Meisterleistung, denn es musste ja auch gelingen, dass die kleinen Fürstentümer und Königrei-

Heinz-Günter Spichartz weiß: Dieser Turm diente früher gewissermassen als „Geburtstagskerze".

che nicht zu sehr vom großen, mächtigen Preußen dominiert wurden. In Bochum war es der damalige Stadtrat Otto Hünnebeck (1859-1911), der im Juni 1908 den Bau eines Bismarckturms vorschlug – eine weitere Ehre, denn bereits 1895 hatte man Bismarck zum Ehrenbürger Bochums ernannt.

„Erst recht wissen die meisten Menschen nicht, dass es viele Türme wie diesen gibt."

100.000 Goldmark kostete die Errichtung des 33 Meter hohen Bauwerks – und wie heute beim Musikforum (siehe Geheimnis 33) zeigten sich die Bochumer schon damals spendabel und sammelten die Summe als Spenden ein. Und so konnten bis in die 1920er-Jahre hinein die Geburtstagsfeuer für Bismarck in Bochum leuchten. Die Feuerschale stand noch bis 1988 auf dem Turm, war aber nicht mehr in Gebrauch.

Damit ist die Bochumer Leuchtsäule für Bismarck endgültig Geschichte. Aber der Turm steht noch immer an Ort und Stelle und kündet stolz und groß davon, dass man auch hier für den „Eisernen Kaiser" alljährlich eine riesige Geburtstagskerze entzündete.

Eva-Maria-Bast

So geht's zur Feuerschale:

Sie steht im Stadtpark neben dem Bismarckturm. Dieser befindet sich unweit des Hotels Courtyard und ist kaum zu übersehen.

Quellen, Literatur, Bildnachweis

Alberts, Karl: Langendreerer Heimatbuch. Bochum 1964.

Allgemeine Deutsche Biographie: Kortum, Carl Arnold. URL: https://de.wikisource.org/wiki/ADB:Kortum,_Carl_Arnold_(2._Artikel). Abgerufen am 26.10.2017.

Alt-Limburg: Der Hellweg.Städte, Dörfer, Kirchen und Klöster zwischen Rhein und Weser. O.O. 2011.

Archiv Ruhrecho: Bochumer Straßennamen. URL: http://www.archiv.ruhrecho.de/BochumerStrassennamen.pdf. Abgerufen am 02.11.2017.

Kuliga, Klaus: Die Weltkarten (1991). URL: http://www.artibeau.de/2090.htm. Abgerufen am: 17.01.2018.

Ders.: Kunst in Bochum. Umsonst und draußen. URL: http://www.artibeau.de/0920.htm. Abgerufen am 26.09.2017.

Basse, Michael: Die Reformation in Bochum und in der Grafschaft Mark. In: Lohmann, Arno; Luthe, Peter; Pätzold, Stefan (Hrsg.): Bochumer Fenster zur Vergangenheit. Heft 10. Bochum 2010.

Bastan, Fred.de: Bericht über den Bau der Christuskirche. URL: http://www.bastanfred.de/Kirchenplanung.htm. Abgerufen am 11.12.2017.

Baudenkmale im Ruhrgebiet: Bochum als Zentrum der Polenbewegung. URL: https://www.lwl.org/LWL/Kultur/fremde-impulse/die_impulse/Impuls-Polen-um-1900. Abgerufen am 01.12.2017.

Baudenkmale im Ruhrgebiet: „Klein Warschau" an der Ruhr. URL: https://www.lwl.org/LWL/Kultur/fremde-impulse/die_impulse/Impuls-Polen-um-1900/Polen-Am-Kortlaender-Bochum. Abgerufen am 01.12.2017.

Beckmann, Jörgen; Eichholz, Klaus; Lewer, Hans-Jürgen: Die Gewerkschaft Klosterbusch in Querenburg und Herbede. Rückblick des Bergwerkdirektors Ewald Sonnenschein von 1918–1927. In: Quellen zur Hevener und Herbeder Geschichte. Heft 5. 2016.

Behrens, Frank: „Deutsche im Weltall". In: Spiegel Online, 16.09.2011. URL: http://www.spiegel.de/einestages/tv-kult-raumpatrouille-orion-a-947327.html. Abgerufen am 09.01.2018.

Behrens, Hedwig (Hrsg.): Mechanikus Franz Dinnendahl (1775-1826), Erbauer der ersten Dampfmaschine an der Ruhr. Leben und Wirken aus zeitgenössischen Quellen. Köln 1970.

Beier, Ernst: Der Bergbaurundweg der Ruhr-Universität in Bochum. URL: http://www.bergbauhistorie.ruhr/aktivitaeten/bergbaurundweg-ruhr-universitaet-bochum/. Abgerufen am 15.11.2017.

Binder, Dieter: Die Freimaurer. Geschichte, Mythos und Symbole. Wiesbaden 2011.

Bischoff, Nicole: WAZ-Leser besichtigen Atombunker. In: WAZ vom 25.07.2013. URL: https://www.waz.de/staedte/bochum/waz-leser-besichtigen-atombunker-id8235525.html. Abgerufen am 18.01.2018.

Bo-alternativ: Das Ding auf dem Husemann-Platz. URL: http://www.bo-alternativ.de/2010/08/09/das-ding-auf-dem-husemann-platz/. Abgerufen am 13.12.2017.

Bo-alternativ: Helmuth von Moltke am 14. Mai 1890 im Reichstag. URL: http://www.bo-alternativ.de/aktuell/wp-content/uploads/2014/08/moltke-rede.pdf. Abgerufen am 02.11.2017.

Stadt Bochum: Christuskirche. URL: https://www.bochum.de/C125708500379A31/vwContentByKey/W27DQFH4256BOLDDE. Abgerufen am 11.12.2017.

Stadt Bochum: Graf Ostermann. URL: https://www.bochum.de/C125708500379A31/vwContentByKey/W27CQATB193BOLDDE. Abgerufen am: 18.12.2017.

Stadt Bochum: Station 10: Karl Springer. URL: https://www.bochum.de/C125708500379A31/vwContentByKey/W2733DDC579BOLDDE. Abgerufen am 02.11.2017.

Stadt Bochum: Station 18: Zeche Gibraltar. URL: https://www.bochum.de/C125708500379A31/vwContentByKey/W2734C6F441BOLDDE. Abgerufen am 22.11.2017.

Stadt Bochum: Station 30. Friedhof Freigrafendamm. URL: https://www.bochum.de/C125708500379A31/vwContentByKey/W2739GBP916BOLDDE. Abgerufen am 06.11.2017.

Stadt Bochum: Wanderung durch den historischen Bergbau. URL: https://www.bochum.de/C125708500379A31/vwContentByKey/W277NBQB491BOLDDE. Abgerufen am 04.12.2017.

Bochum Marketing GmbH: Norbert Radermacher. URL: https://www.bochum-tourismus.de/de/entdecken/kunst/detail-kunst.php?we_objectID=1138. Abgerufen am: 17.01.2018.

Studienkreis Bochumer Bunker e.V.: Tiefbunker. URL: http://www.bochumer-bunker.de/html/tiefbunker_.html. Abgerufen am 18.01.2018.

Boebers-Süßmann, Jürgen: Am Freigrafendamm in Bochum stand einst ein Denkmal. In: Der Westen vom 02.11.2013. URL: https://www.derwesten.de/staedte/bochum/einst-blickfang-am-freigrafendamm-id8624252.html. Abgerufen am 06.11.2017.

Ders.: Skulpturen in Bochum werden vernachlässigt. In: WAZ. URL: https://www.waz.de/staedte/bochum/skulpturen-in-bochum-werden-vernachlaessigt-id4157655.html. Abgerufen am 10.10.2017.

Ders.: Vom Hansa-Haus in Bochum blieben nur Relikte übrig. In: WAZ. URL: https://www.derwesten.de/staedte/bochum/vom-hansa-haus-in-bochum-blieben-nur-relikte-uebrig-id9705662.html. Abgerufen am 11.10.2017.

Brakelmann, Günter: Evangelische Kirche in Bochum 1933. Zustimmung und Widerstand. In: Evangelische Perspektiven. Schriftenreihe des Kirchenkreises Bochum. Heft 5. Norderstedt 2013.

Brakelmann, Günter: Hitler und Luther 1933 in Bochum. In: Ders., Günter; Burkowski, Peter (Hrsg.): Auf den Spuren kirchlicher Zeitgeschichte. Berlin 2010, S. 198-226.

Bremen-Freizeit.de: Denkmäler, Kunstwerke und Skulpturen. Kunst im öffentlichen Raum Bremen-Mitte. Altstadt, Ostertor. URL: http://www.bremen-freizeit.de/bremen/stadt/denkmal/cnm2-denkmaeler.php. Abgerufen am: 17.01.2018.

Brinkmann, Karl: Geschichte des Brauwesens und der Brauindustrie in Bochum. URL: https://www.bochum.de/C125708500379A31/vwContentByKey/W27CTCAY366BOLDDE. Abgerufen am: 18.12.2017.

Bruhns, Karl (Hrsg.): Alexander von Humboldt. Eine wissenschaftliche Biographie. Band 1. Leipzig 1872.

Brunner, Erwin: Ein Diplomat als Dealer? In: Zeit Online vom 11.02.1983. URL: http://www.zeit.de/1983/07/ein-diplomat-als-dealer. Abgerufen am 09.01.2018.

Bundesamt für Bevölkerungsschutz und Katastrophenhilfe: Bundesgesetzblatt, Jahrgang 1957, Teil 1: Erstes Gesetz über Maßnahmen zum Schutz der Zivilbevölkerung. Vom 9. Oktober 1957. URL: https://www.bbk.bund.de/SharedDocs/Downloads/BBK/DE/FIS/DownloadsRechtundVorschriften/RechtsvorschriftenBund/ZBG%201957.pdf?__blob=publicationFile. Abgerufen am 18.01.2018.

Buresch, Linda Elaine: Historische Siedlungen in Bochum. Ein Querschnitt von 1868 bis 1918. Bochum 2010.

Burgerbe.de: Wie Haus Kemnade das Ruhr-Ufer wechselte. URL: http://www.burgerbe.de/2008/11/10/wie-haus-kemnade-das-ruhr-ufer-wechselte/. Abgerufen am 17.11.2017.

Das Erste: Deutsche und Polen. URL: https://www.deutscheundpolen.de/ereignisse/ereignis_jsp/key=ruhrpolen_1880.html. Abgerufen am 01.12.2017.

Denkmalliste der Stadt Bochum, Karteikarte A 412. 75 Jahre Bochum-Gelsenkirchener Straßenbahnen. In: Der Rückspiegel. 28. Jahrgang, Nr. 1, Sonderausgabe anlässlich des 75jährigen Jubiläums der Bochum-Gelsenkirchener Straßenbahn AG. Bochum/Dortmund 1971, S. 3.

„Baldachin mit Schornsteinzug." In: Der Spiegel vom 28.7.1949. URL: http://www.spiegel.de/spiegel/print/d-44437395.html. Abgerufen am 17.10.2017.

„Die Rote Fahne Leuchtet." In: Der Spiegel vom 18.03.1953. URL: http://www.spiegel.de/spiegel/print/d-25655997.html. Abgerufen am 09.01.2018.

Derks, Paul: Die Siedlungsnamen der Stadt Sprockhövel. Sprachliche und geschichtliche Untersuchungen. Sprockhövel 2010.

Deutsche Wirtschafts Nachrichten: Steinkohle-Pumpen müssen ewig laufen, sonst versinkt das Ruhrgebiet. URL: https://deutsche-wirtschaftsnachrichten.de/2013/11/12/steinkohle-pumpen-muessen-ewig-laufen-sonst-versinkt-das-ruhrgebiet/. Abgerufen am 25.10.2017.

Droste, Theodor; Kivelitz Ilse und Gerd: Gerthe – Was die Steine uns erzählen. Ein heimatkundliches Lesebuch. Bochum 2000.

Düppe, Stephan; Kretschmann, Jürgen (Hrsg.): 1816-2016. Die Geschichte der Technischen Hochschule Georg Agricola. Bochum 2016.

Endres, Rudolf: Alexander von Humboldt in Franken. In: Mitteilungen der Fränkischen Geographischen Gesellschaft. Band 46. Erlangen 1999, S. 9-26.

Engel-der-kulturen.de: Das Projekt. URL: http://www.engel-der-kulturen.de/projekt.html. Abgerufen am 24.01.2018.

Evangelische Kirchengemeinde Bochum – Gerthe: Die Kitschbude. URL: http://www.gerthe-evkirchebochum.de.101nm.host-ing.eu/kitschbude.html. Abgerufen am 25.10.2017.

Ferber, Johann Jakob: Mineralogische und metallurgische Bemerkungen in Neuchatel, Franche Comté und Bourgogne, im Jahre 1788. Berlin 1789.

Filla, W.; Pöppinghaus, K.; Sensen, S.: Abwassertechnologie. Entstehung, Ableitung, Behandlung, Analytik der Abwässer. Band 1. Heidelberg 1994.

Freimaurer-Wiki: Zu den drei Rosenknospen. URL: http://freimaurer-wiki.de/index.php/Zu_den_drei_Rosenknospen. Abgerufen am 08.01.2018.

Föllmer, Moritz: Die Verteidigung der bürgerlichen Nation. Industrielle und hohe Beamte in Deutschland und Frankreich 1900-1930. In: Kritische Studien zur Geschichtswissenschaft. Band 154. Göttingen 2002.

Generalsekretariat des Zentralkomitees der Deutschen Katholikentage (Hrsg.): Gerechtigkeit schafft Frieden. Der 73. Deutsche Katholikentag vom 31. August bis 4. September 1949 in Bochum. Paderborn 1949.

GenWiki: Haus Kemnade. URL: http://wiki-de.genealogy.net/Haus_Kemnade. Abgerufen am 17.11.2017.

GenWiki: Haus Laer. URL: http://wiki-de.genealogy.net/Haus_Laer#Zufallsfunde. Abgerufen am 15.11.2017.

Goethe, Johann Wolfgang von: Von deutscher Baukunst. Kunsttheoretische Schriften und Übersetzungen Band 19. Berlin 1960.

Grebing, Helga: Fritz Husemann. In: Neue deutsche Biographie Band 10. Berlin, 1974. URL: http://daten.digitale-sammlungen.de/bsb00016327/image_99. Abgerufen am 13.12.2017.

Grube, Michael; Lubbe, Christoph: Öffentliche Zivilschutzanlagen – ein Überblick. URL: https://www.geschichtsspuren.de/artikel/bunker-luftschutz-zivilschutz-/194-zivilschutzanlagen-ueberblick.html. Abgerufen am 18.01.2018.

Gusowski, Adam; Sabine Krämer: Bochumer Schmiede. URL: http://www.porta-polonica.de/de/Atlas-der-Erinnerungsorte/bochumer-schmiede#body-place. Abgerufen am 01.12.2017.

Gümbel, Wilhelm von: Agricola, Georg. In: Allgemeine Deutsche Biographie, herausgegeben von der Historischen Kommission bei der Bayerischen Akademie der Wissenschaften Band 1 (1875), S. 143–145. URL: http://daten.digitale-sammlungen.de/bsb00008359/images/index.html?seite=159. Abgerufen am 24.10.2017.

Hahn, Gertrud: Haus Laer. URL: https://www.bochum.de/C125708500379A31/vwContentByKey/W27CUC2N023BOLDDE. Abgerufen am 15.11.2017.

Hanke, Hans: Erschütternd auf den Besucher wirken. Bauten des Hauptfriedhofes Freigrafendamm als nationalsozialistische Kultgebäude in Bochum. In: Denkmalpflege in Westfalen-Lippe Band 76. Münster 1999/2000, S. 402-441.

Ders.: In schlechter Würde? Der Freigrafendamm und seine NS-Bauten. URL: https://www.bochum.de/C125708500379A31/vwContentByKey/W27DB9LE225BOLDDE. Abgerufen am 06.11.2017.

Ders.: Rettet den Turm der Christuskirche. Bochumer Zeitpunkte Heft 3. Bochum 1994.

Hartung, Olaf: Museen des Industrialismus. Formen bürgerlicher Geschichtskultur am Beispiel des Bayerischen Verkehrsmuseums und des Deutschen Bergbaumuseums. Köln 2007.

Hängewerk: Pierer's Universal-Lexikon, Band 7. Altenburg 1859, S. 963.

Hordeler.de: LWL-Industriemuseum Zeche Hannover. URL: http://www.hordeler.de/index.php?option=com_content&view=article&id=36&Itemid=63. Abgerufen am 06.11.2017.

Höltge, Dieter (Hrsg.): Straßen- und Stadtbahnen in Deutschland Band 4: Ruhrgebiet. Von Duisburg bis Dortmund, Freiburg 1994.
Jahrbuch des Bochumer Botanischen Vereins 2010.

Jäkel, Max: Dorf und Rittersitz Langendreer in alten Zeiten und in der Gegenwart. Langendreer 1908.

Juskowiak, Nadja: Stern im Gerberviertel erinnert an Freimaurer. In: WAZ vom 08.01.2016.

Kaspar, Fred; Spohn, Thomas: Unterwegs in Westfalen. Verkehrsentwicklung im Wandel der Zeit in Bildern und Berichten aus westfälischen Archiven. In: Damals bei uns in Westfalen. Bilder und Berichte zur Volkskunde und Volkskultur. Rheda-Wiedenbrück 1992.

Kleßmann, Christoph: Die polnische Parallelgesellschaft. URL: http://www.zeit.de/2010/50/Polen-Ruhrgebiet/komplettansicht. Abgerufen am 01.12.2017.

Knoke, Mareike: Die deutsche Antwort auf Captain Kirk. URL: http://www.deutschlandfunkkultur.de/50-jahre-raumpatrouille-orion-die-deutsche-antwort-auf.1895.de.html?dram:article_id=366021. Abgerufen am 09.01.2018.

Kortumgesellschaft: Reit- und Bowlingbahn Tattersall. „Pflegestätte" des Sports. URL: http://www.kortumgesellschaft.de/rundgang/tattersall.html. Abgerufen am 30.11.2017.

Kracht, Peter: Von einem verflossenen Jubiläum, das erst später stattfindet Bochumer Zeitpunkte. Über die erste Dampfmaschine im Ruhrkohlenbergbau, die Kleinzeche Vollmond und einen streitbaren Bauern. In: Beiträge zur Stadtgeschichte, Heimatkunde und Denkmalpflege. Heft 10. Bochum 2001.

Kretschmann, Jürgen; Melchers, Christian (Hrsg.): Done for Good. Challenges of Post-Mining. Bochum 2016.

Kreuzer, Clemens: Langendreer-Werne zwischen Steinzeit und Gegenwart. Eine Siedlungsgeschichte des Bochumer Ostens. Bochum 1999.

KulTurM: Die Glocken der Christuskirche zu Langendreer. Ein Nachtrag zur Geschichte der Christuskirche von Dr. Herbert Dierkes – 1991. Bochum 2007.

Kuß, Erich: Blankenstein-Hattingen: Seine adeligen Häuser, der Amtsbezirk, der Gerichtsbezirk und die Rentei. Genealogie von Justiz und Verwaltung in märkisch-brandenburgisch-preußischer Zeit. URL: https://epub.ub.uni-muenchen.de/15543/1/Kuss_Erich_15543.pdf. Abgerufen am 17.11.2017.

Küster, Rainer: Bochumer Häuser. Geschichten von Häusern und Menschen. Oberhausen 2013.

Landesanstalt für Umwelt, Messungen und Naturschutz Baden-Württemberg: Bewertung von Böden nach ihrer Leistungsfähigkeit. URL: https://www4.lubw.baden-wuerttemberg.de/servlet/is/74536/bewertung_von_boeden_nach_leistungsfaehigkeit.pdf?command=downloadContent&filename=bewertung_von_boeden_nach_leistungsfaehigkeit.pdf. Abgerufen am 23.01.2018.

Landwirtschaftskammer Nordrhein-Westfalen: Einteilung der Bodenarten. URL: https://www.landwirtschaftskammer.de/landwirtschaft/ackerbau/duengung/basisinfos/einteilung-bodenarten-pdf.pdf. Abgerufen am 23.01.2018.

Leich, Karl: Was der Ölbach erzählt. Geschichte um den Ölbach. URL: https://www.bochum.de/C125708500379A31/vwContentByKey/W27CTC9E755BOLDDE. Abgerufen am 27.11.2017.

Lesebuch Carl Arnold Kortum Nylands kleine westfälische Bibliothek. Bd. 40. Zusammengestellt und mit Nachwort von Hans H. Hanke. Bielefeld 2013.

Liedtke, Gerd: Verbindungen. BOGESTRA 1896 – 1996. Bochum 1996.

Linden, Walter: Dr. Gablers Verkehrs-Lexikon. Wiesbaden 1966.

Loesche, Dyfed: Was wurde aus Deutschlands Atomschutzbunkern? URL: http://www.spiegel.de/einestages/atomschutzbunker-der-zivilschutz-im-kalten-krieg-a-1077436.html. Abgerufen am 18.01.2018.

Lührig, Heinrich: Carl Friedrich Koepe. URL: https://www.4680wanne-eickel.de/149.html. Abgerufen am 06.11.2017.

LWL-Industriemuseum: Die Geschichte der Zeche Hannover. URL: https://www.lwl.org/industriemuseum/standorte/zeche-hannover/

geschichte. Abgerufen am 06.11.2017.

LWL-Industriemuseum: Eine Burg für den Bergbau. URL: https://www.lwl.org/industriemuseum/standorte/zeche-hannover. Abgerufen am 06.11.2017.

Mügel, Rainer: Norbert Radermacher: „Stücke für Städte". Pointierungen des Stadtraums – eine besondere Position der Ortsbezogenheit von Kunst im öffentlichen Raum. Berlin 2003.

Mühle, W.: Die Gichtgasmotore auf der Industrie- und Gewerbe-Ausstellung Düsseldorf 1902. In: Zeitschrift des Oesterreichischen Ingenieur- und Architekten Vereines. Nr. 51. Wien 1902.

Müter, Jochen: Wecksystem fehlt. Deutschland könnte den Krieg verschlafen. URL: https://www.n-tv.de/politik/Deutschland-koennte-Krieg-verschlafen-article6437111.html. Abgerufen am 18.01.2018.

n-tv.de: „Raumpatrouille Orion feiert Jubiläum." URL: https://www.n-tv.de/leute/Raumpatrouille-Orion-feiert-Jubilaeum-article18663806.html. Abgerufen am 09.01.2018.

Pieper, Wilhelm: Agricola, Georgius. In: Neue Deutsche Biographie 1 (1953), S. 98-100. URL: https://www.deutsche-biographie.de/gnd118501062.html#ndbcontent. Abgerufen am 24.10.2017.

Pirke, Klaus: Zeugnisse zur Entstehung der industriellen Kulturlandschaft Ruhrgebiet. Die Zechenlandschaft Hannover-Hannibal-Königsgrube in Bochum und Herne und ihre industriekulturellen Potentiale. Bochum 2006.

Planitz, Hans: Grundzüge des deutschen Privatrechts. In: Kunkel, W.; Peters, H. (Hrsg.): Enzyklopädie der Rechts- und Staatswissenschaft. Berlin 1925.

Posca, Claudia: Cornelius Kolig. In: Kunstgebiet Ruhr. Der digitale Kunstführer für das Ruhrgebiet. URL: https://kunstgebiet.ruhr/kunstform/skulpturen/warteraum-mit-streichelmaschine/. Abgerufen am 10.10.2017

Pospiech, Thomas: Alles über Autos. München 2013.

Privatbrauerei Moritz Fiege: Bierkunde. URL: http://www.moritz-fiege.de/ueber_bier. Abgerufen am 23.01.2018.

RAG: Alle Bergschäden werden reguliert. URL: https://www.rag.de/verantwortung/handlungsfelder/bergschaeden/. Abgerufen am 24.01.2018.

RAG: Aufgaben für die Ewigkeit. URL: https://www.rag.de/verantwortung/handlungsfelder/ewigkeitsaufgabend. Abgerufen am 25.10.2017.

RAG Stiftung: Ewigkeitsaufgaben. URL: https://www.rag-stiftung.de/ewigkeitsaufgaben/. Abgerufen am 25.10.2017.

RAG: Wassermanagement für die Zukunft. URL: http://www.rag.de/ewigkeitsaufgaben/wasserhaltung/. Abgerufen am 25.10.2017.
Rechenschaftsbericht 2016 der

Technischen Hochschule Georg Agricola.

Richter Spielgeräte GmbH: Katalog Akustik und Spiel. URL: http://www.richter-spielgeraete.de/akustik-und-spiel.html. Abgerufen am 13.12.2017.

Rittergut Haus Laer: Baugeschichte – 300 Jahre älter als der Kölner Dom. URL: http://www.rittergut-haus-laer.de/baugeschichte.htm. Abgerufen am 15.11.2017.

Ritterhaus, Emil: Der Loge „zu den drei Rosenknospen" im Or. Bochum zum Feste der Weihe des neuen Tempels. In: Die Bauhütte vom 07.10.1876.

Robeck, Ulrike: Die älteren Hallen des Bochumer Vereins als Zweckbauten und Denkmale der Eisen- und Stahlindustrie. Inauguraldissertation. Bochum 2008.

Route-industriekultur: Arbeiterhäuser Am Rübenkamp. URL: http://www.route-industriekultur.ruhr/themenrouten/08-erzbahn-emscherbruch/arbeiterhaeuser-am-ruebenkamp.html. Abgerufen am 24.01.2018.

Route-industriekultur: Christuskirche Bochum. URL: http://www.route-industriekultur.ruhr/themenrouten/26-sakralbauten/christuskirche-bochum.html. Abgerufen am 11.12.2017.

Route-industriekultur: Konsumverein Wohlfahrt. URL: http://www.route-industriekultur.ruhr/themenrouten/21-brot-korn-und-bier/konsumverein-wohlfahrt.html. Abgerufen am 02.11.2017.

Route-industriekultur: Hauptfriedhof Bochum. URL: http://www.route-industriekultur.ruhr/themenrouten/29-bochum/hauptfriedhof-bochum.

html. Abgerufen am 06.11.2017.

Route-industriekultur: Rauendahler Kohlenweg – Deutschlands erste Eisenbahn. URL: http://www.route-industriekultur.ruhr/themenrouten/11-fruehe-industrialisierung/rauendahler-kohlenweg-deutschlands-erste-eisenbahn.html. Abgerufen am 04.12.2017.

Route-industriekultur: Zeche Klosterbusch und Bergbauwanderweg Ruhr-Universität. URL: http://www.route-industriekultur.ruhr/themenrouten/29-bochum/zeche-klosterbusch-und-bergbauwanderweg-ruhr-universitaet.html. Abgerufen am 06.01.2017.

Route-industriekultur: Zeche Vereinigte Gibraltar Erbstollen. URL: http://www.route-industriekultur.ruhr/themenrouten/29-bochum/zeche-vereinigte-gibraltar-erbstollen.html. Abgerufen am 22.11.2017.

Ruhrgebiet-industriekultur.de: Auf Spurensuche nach dem Bergbau am Harpener Bach. URL: https://www.ruhrgebiet-industriekultur.de/harpen.html. Abgerufen am 08.01.2018.

Ruhrgebiet-industriekultur.de: Die Zeche Hannover in Bochum. URL: https://www.ruhrgebiet-industriekultur.de/zeche-hannover.html. Abgerufen am 06.11.2017.

Ruhrkohlenrevier.de: Glossar bergbaulicher Begriffe. URL: http://www.ruhrkohlenrevier.de/glossar.html. Abgerufen am 04.12.2017.

Ruhrkohlenrevier.de: Zeche Vollmond. URL: http://www.ruhrkohlenrevier.de/ob1167.html. Abgerufen am 09.01.2018.

Ruhrnachrichten.de: Gruß aus Bochum: Bochums ältestes Wohnhaus. URL: http://www.ruhrnachrichten.de/Staedte/Gruss-aus-Bochum-Bochums-aeltestes-Wohnhaus-346418.html. Abgerufen am: 18.12.2017.

Ruhrzechenhaus.de: Bergschäden. URL: http://ruhrzechenaus.de/themen/bergschaeden.html. Abgerufen am 24.01.2018.

ruhrzechenhaus.de: Zeche Ver. Klosterbusch in Bochum-Querenburg. 1918-1961. URL: http://www.ruhrzechenaus.de/bochum/bo-klosterbusch.html. Abgerufen am 06.01.2017.

Rupp, Michael: Von Bergwerken, Trollen und Drachen. URL: http://www.qucosa.de/fileadmin/data/qucosa/documents/4577/data/seiten/seite37.htm. Abgerufen am 24.10.2017.

Sachs, Salomo: Vollständiger Unterricht in der Anfertigung der Bau-Anschlaege, nebst Darstellung einer neuen Form, nach welcher dieselben kuerzer, uebersichtlicher und zuverlaessiger ausgearbeitet werden koennen. Zum Gebrauch für Baumeister und Bauunternehmer, so wie auch fuer Jeden, der das Veranschlagungsgeschaeft aufs leichteste und gruendlichste erlernen will. Berlin 1827.

Sauer, Hans Dieter: Der Kohlebergbau im Ruhrrevier. In: Neue Zürcher Zeitung vom 04.04.2007. URL: https://www.nzz.ch/articleF1PPG-1.138568. Abgerufen am 09.01.2018.

Schade, Wulf: Kuźnia Bochumska – die Bochumer (Kader-) Schmiede. Bochum als Zentrum der Polenbewegung (1871-1914). URL: http://www.kortumgesellschaft.de/index.php/zeitpunkte-heft-172004-kuznia-bochumska-die-bochumer-kader-schmiede.html. Abgerufen am 01.12.2017.

Schaller, Klaus: Kortum, Carl Arnold: Die Sache endlich auf's Reine bringen: Carl Arnold Kortum in den Zeitschriften seiner Zeit; eine Dokumentation. Klartext. Essen 1996.

Schäfer, Axel (Hrsg.) Bleidick, Dietmar: Bochum entdecken. 20 Stadtrundgänge durch Geschichte und Gegenwart. Essen 2009.

Schmitz, Linda: Die Weltkarten. URL: https://kunstgebiet.ruhr/kunstform/lichtkunst/die-weltkarten/. Abgerufen am 17.01.2018.

Schürmann, Maren: Mit Grubenwasser der Zeche Robert Müser Gebäude heizen. In: Der Westen vom 15.04.2016. URL: https://www.derwesten.de/wochenende/mit-grubenwasser-der-zeche-robert-mueser-gebaeude-heizen-id11739094.html. Abgerufen am 08.01.2018.

Seebold, Gustav (Hrsg.): Carl Arnold Kortum 1745–1824. Arzt, Forscher, Literat, Pomp. Essen 1995.

Simmen, Jeannot: Elevation. Eine Kulturgeschichte von Aufzug und Lift. In: Christ, Wolfgang (Hrsg.): Access for All. Zugänge zur gebauten Umwelt. Berlin 2009, S. 16-29.

Stahl, Jürgen: Auf dem Bochumer Springerplatz eröffnet der erste Feierabendmarkt. In: Der Westen. URL: https://www.derwesten.de/staedte/bochum/auf-dem-bochumer-springerplatz-eroeffnet-der-erste-feierabendmarkt-id8482417.html. Abgerufen am 02.11.2017.

Stoer, Johann Gottlieb: Georg Agricola von Glauchen ehemahls Stadt Arztes zu St. Joachimsthal. Gespräch vom Bergwesen. Rotenburg an der Fulda 1778.

Stahl, Jürgen: Dieser Stein macht Musik. WAZ vom 31.07.2012. URL: https://www.waz.de/staedte/bochum/dieser-stein-macht-musik-id6933428.html. Abgerufen am 13.12.2017.

Steinen, Johann Diederich von: Versuch einer Westphaelischen Geschichte besonders der Graffschaft Mark. Dortmund 1749.

Steinen, Johann Diederich von: Westphaelische Geschichte mit vielen Kupfern. Dritter Theil. Lemgo 1757.

Tattersalls.com: An Introduction to Tattersalls. URL: http://www.tattersalls.com/about-tatts.php. Abgerufen am 30.11.2017.

Tauchergeräte im Bergbau. URL: https://grubenwehr-grubenrettungswesen.jimdo.com/taucherger%C3%A4te-im-bergbau/. Abgerufen am 19.10.2017.

Technische Hochschule Georg Agricola (Hrsg.): Forschungszentrum Nachbergbau. Broschüre.

Tetzlaff, Emil: Langendreer Heimatbuch. Bochum 1923.

Thiel, Thomas: In freudiger Erwartung des Martyriums. In: Spiegel-Online vom 02.02.2009. URL: http://www.spiegel.de/einestages/30-jahre-revolution-in-iran-a-949729.html. Abgerufen am 09.01.2018.

Tomala, Lutz: Warum die Harpener Teiche stinken. In: Der Westen vom 10.08.2011. URL: https://www.derwesten.de/staedte/bochum/langendreer/warum-die-harpener-teiche-stinken-id4949534.html. Abgerufen am 08.01.2018.

Trinkhaus, Raimund: Geschichte des Hauses Kemnade. URL: http://www.raimund-trinkaus.de/Beitraege/Geschichte%20des%20Hauses%20Kemnade.pdf. Abgerufen am 17.11.2017.

Uhlmann, Berit: Die botanischen Brigaden. In: Süddeutsche vom 26.05.2010. URL: http://www.sueddeutsche.de/wissen/guerilla-gaertner-die-botanischen-brigaden-1.949338.

University meets Querenburg: Ausstellung „Zeitreise Querenburg“: 1125 Jahre Querenburg. URL: http://www.bo-alternativ.de/2007/08/13/ausstellung-zeitreise-querenburg-1125-jahre-querenburg/. Abgerufen am 22.01.2018.

Vostell, Wolf: Meine Kunst ist der ewige Widerstand gegen den Tod. Rheinisches Landesmuseum Bonn 2007.

Wayback.archive.org: Die Gartenguerilla. Keine Pflanze ist illegal. In: Tip Heft 9/2005. URL: http://wayback.archive.org/web/20070528043945/http://www2.workstation-berlin.org/html/prsp20050421gartenguerilla.htm. Abgerufen am 22.01.2017.

Weeke, Michael: Bochumer Stollen verzögert Arbeiten auf der A448. WAZ vom 04.12.2016. URL: http://archive.li/5aIeb. Abgerufen am 15.11.2017.

Ders.: Ab Sommer 2017 soll A448-Teilstück eröffnet werden. In: Der Westen vom 21.02.2016. URL: https://www.derwesten.de/staedte/bochum/ab-sommer-2017-soll-a-448-teilstueck-eroeffnet-werden-id11580996.html. Abgerufen am 15.11.2017

Wiedemann, Charlotte: Nicht das, was Khomeini wollte. URL: http://www.dw.com/de/nicht-das-was-khomeini-wollte/a-3969107. Abgerufen am 09.01.2018.

Wikipedia: Ampel. URL: https://de.wikipedia.org/wiki/Ampel. Abgerufen am 12.10.2017.

Wilms, Ralph: Von Stickern, Bremsen und Hunden. Der Westen vom 29.01.2014. URL: https://www.derwesten.de/staedte/hattingen/von-stickern-bremsern-und-hunden-id8931633.html#plx738557998. Abgerufen am 04.12.2017.

ZDF: Terra X: Pioniere – Stahlkrieg an der Ruhr. URL: https://www.zdf.de/dokumentation/terra-x/pioniere-stahlkrieg-an-der-ruhr-102.html. Abgerufen am 29.09.2017

Zedler, Johann Heinrich: Grosses vollständiges Universal-Lexicon Aller Wissenschafften und Künste. Band 8. Leipzig 1734, Spalte 2192-2196.

Bildnachweis:

S. 30 und 31
Heike Brauckhoff, mit freundlicher Genehmigung der Jahrhunderthalle Bochum.

S. 40 und 42
Gerhard Nötzel

S. 56 und 58
Michael Korte/Funke Medien

S. 78
Volker Wiciok/TH Georg Agricola

S. 88
Privat

S. 89
Philipp Unger

S. 100
Bochum Zeche Gibraltar von Stahlkocher. Lizenz: CC BY-SA 3.0.

S. 113
Heike Brauckhoff, mit freundlicher Genehmigung der Jahrhunderthalle Bochum.

S. 118 und 121
Lutz Leitmann

S. 152
Privat

S. 153
Philipp Unger

S. 172, 174 und 175
Mit freundlicher Genehmigung der Jahrhunderthalle Bochum.

1 Streichelmaschine
2 Fundamente
3 Straßenbahnrosette
4 Hochzeitssteine
5 Hunt
6 Karte
7 Haus Kemnade
8 Schriftzug
9 Tattersall
10 Glocke
11 Glockenturm
12 Jahreszahl
13 Treibscheibe
14 Stern
15 Terminal
16 Säulen
17 Bühne
18 Steinharfe
19 Schweißpunkte
20 Mosaik
21 Logo
22 Metallstreben
23 Wandbild
24 Ginkgo
25 Engel
26 Oelbach
27 Kitschbude
28 Bootshallen
29 Stangen
30 Zeche Vollmond
31 Rohrstutzen
32 Heuer-Ampel
33 Glocke im Musikforum
34 Förderturm
35 Halbe Tür
36 Robotników-Schriftzug
37 Geburtshaus
38 Straßenschilder
39 Kortum-Grabstein
40 Risse
41 Säulen
42 Kastanie
43 Eingemauerte Fleischtheke
44 Grabstein
45 Inschrift und Türrahmen
46 Fassadenrest
47 Stahltür
48 Türkise Teiche
49 Pfeiler
50 Feuerschale

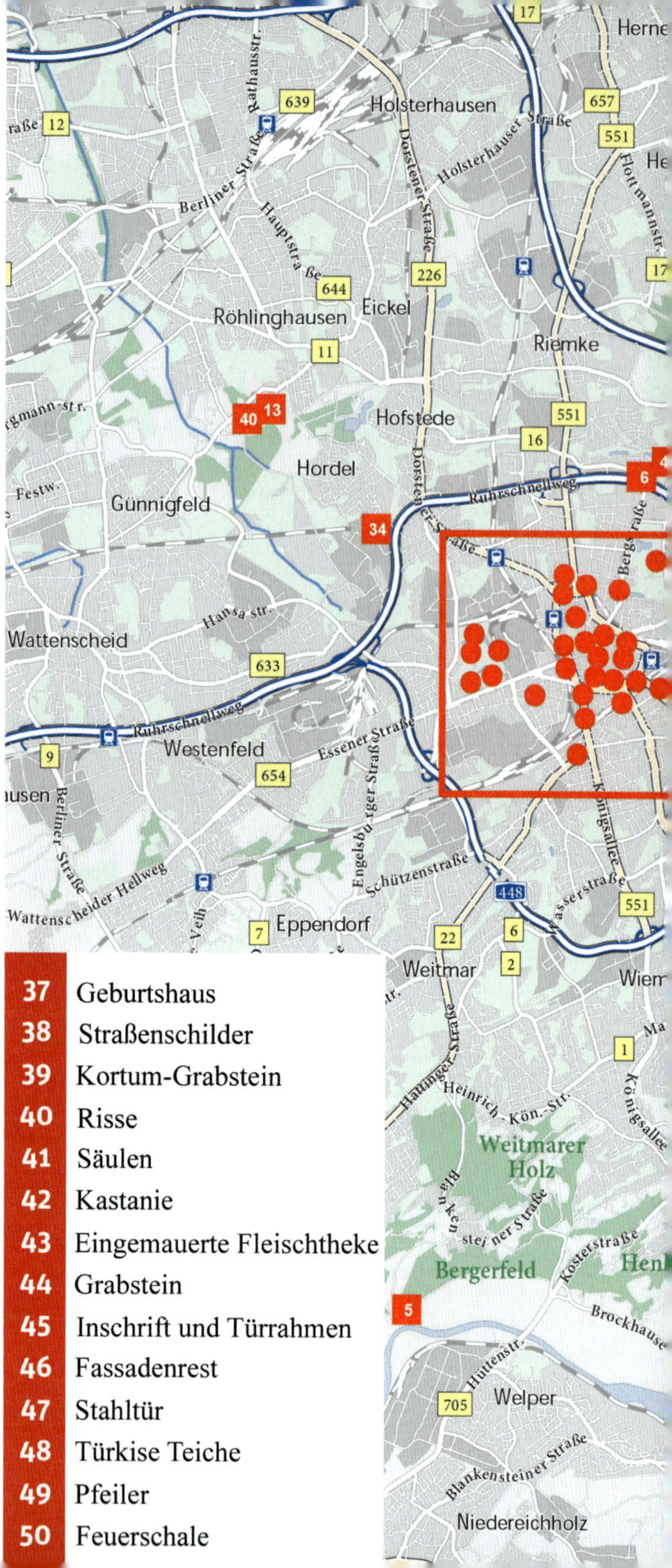

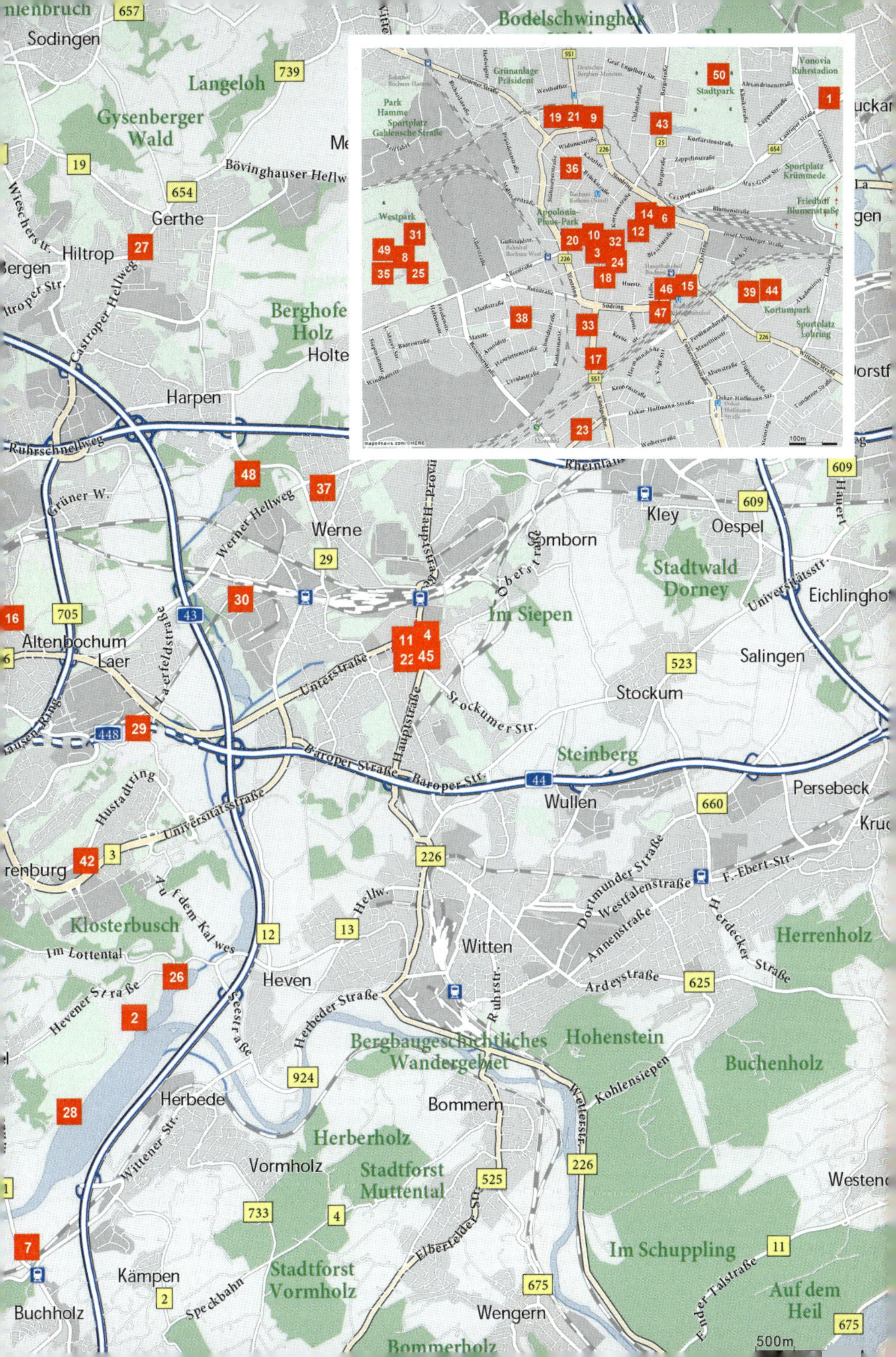
Sodingen
Langeloh
Gysenberger Wald
Bövinghauser Hellweg
Gerthe
Hiltrop
Castroper Hellweg
Berghofer Holz
Holte
Harpen
Ruhrschnellweg
Grüner W.
Werner Hellweg
Werne
Altenbochum
Laer
Lahariusstraße
Unterstraße
Hauptstraße
Obere Straße
Somborn
Im Siepen
Kley
Oespel
Stadtwald Dorney
Universitätsstr.
Eichlinghofen
Salingen
Stockumer Str.
Stockum
Steinberg
Baroper Straße
Baroper Str.
Wullen
Persebeck
Hustadtring
Universitätsstraße
Klosterbusch
Im Lottental
Auf dem Kalwes
Hellw.
Dortmunder Straße
Westfalenstraße
F.-Ebert-Str.
Annenstraße
Herdecker Straße
Herrenholz
Witten
Heven
Hevener Straße
Ardeystraße
Ruhrstr.
Herbeder Straße
Seestraße
Bergbaugeschichtliches Wandergebiet
Hohenstein
Buchenholz
Kohlensiepen
Wetterstr.
Herbede
Bommern
Herberholz
Wittener Str.
Vormholz
Stadtforst Muttental
Westende
Im Schuppling
Elberfelder Str.
Talstraße
Kämpen
Buchholz
Speckbahn
Stadtforst Vormholz
Wengern
Auf dem Heil
Bommerholz
500m
Bodelschwingher
Grünanlage Präsident
Park Hamme
Sportplatz Gahlensche Straße
Westpark
Appolonia-Pfaus-Park
Stadtpark
Vonovia Ruhrstadion
Sportplatz Krümmede
Friedhof Blumenstraße
Kortumpark
Sportplatz Lohring
Castroper Straße
Südring
Hauptbahnhof Bochum
Oskar-Hoffmann-Straße
Wittener Straße
100m
maps4news.com/©HERE

SIE WOLLEN NOCH MEHR ÜBER

Bochum

ERFAHREN?

Hier gibt es sachkundige Informationen:

Anneliese Brost Musikforum Ruhr
Das Anneliese Brost Musikforum Ruhr ist eine architektonisch außergewöhnliche Kombination der Spielstätte für die Bochumer Symphoniker und des künstlerisch-professionellen Schaffensraums für andere Musiker – von kleinen Ensembles der Musikschule Bochum bis hin zum Jugendsymphonieorchester. Die ehemalige St.-Marien-Kirche dient als Foyer für beide Säle.
Marienplatz 1
44787 Bochum
Telefon: 0234/9108622
E-Mail: bosy@bochum.de

Bochumer Kulturrat
Der Bochumer Kulturrat e.V. bietet ein vielfältiges Spektrum an Veranstaltungen und Führungen an.
Telefon: 0234/862012
E-Mail: bochumer.kulturrat@unitybox.de

Bochumer Runde des Ev. Forums Westfalen
Westfälischer Landesverband der Evangelischen Akademikerschaft in Deutschland e.V.
Auf der Papenburg 20
44801 Bochum
Telefon: 0234/87935340
E-Mail: m@wuschka.de

Kortum-Gesellschaft Bochum
Die Vereinigung für Heimatkunde, Stadtgeschichte und Denkmalschutz bietet seit über 90 Jahren unterschiedliche Aktivitäten in den Bereichen Stadt- und Landeskunde an. 1997 erhielt sie den Deutschen Preis für Denkmalschutz. Ihre Zeitschrift sind die *Bochumer Zeitpunkte*.
E-Mail: Kortum.eV@web.de
Homepage: www.kortum-gesellschaft.de

LWL-Industriemuseum Zeche Hannover
Günnigfelder Straße 251
44793 Bochum
Telefon: 0234/6100874
E-Mail: zeche-hannover@lwl.org
Homepage: www.lwl.org/industriemuseum

Stephan Haas
Vorsitzender der hauptberuflichen Gästeführer im Ruhrgebiet. Abwechslungsreiches und unterhaltsames Angebot an Stadtführungen, Rallyes und Rundfahrten aller Art in Bochum und im Ruhrgebiet sowie Inszenierungen wie Krimitouren, Ruhrgebietsquiz und ruhrdeutsche Comedytouren als Hotte Schibulski.
Rückertstr. 12
45468 Mülheim an der Ruhr
Telefon: 0208/8470349
E-Mail: info@tourserviceruhr.de
Homepages: www.tourserviceruhr.de
www.krimitouren-ruhrgebiet.de
www.ruhrgebietsquiz.de

Gert Hille
Dipl. Ing., Architekt, Gästeführer,
Führungen im Ruhrgebiet.
Krampenhof 12
44879 Bochum
Telefon: 0234/496580
E-Mail: gerthille@aol.com

Alexander Schwegl
Gästeführer im Ruhrgebiet. Eintauchen in die Geschichten und Dönekes des Ruhrgebiets. Ob mit dem Bus, dem Fahrrad oder zu Fuß – Hauptsache, den Ruhrpott vor Ort erleben!
Vereinsstr. 22
44793 Bochum
Telefon: 0177/5013679
E-Mail: info@touren-im-ruhrgebiet.de

Publikationen:

Bochumer Kulturrat (Hrsg.): Kunst als Provokation – Die Verfremdungen des Otto Dressler. Frankfurt 2002.

Boebers-Süßmann, Jürgen: Bochum – ... ich komm' aus dir". Geschichten und Dönekes. Gudensberg-Gleichen 2017.

Kivelitz, Ilse; Kivelitz, Gerd: für den Bochumer Kulturrat: Gerthe 1910-2010 100 Jahre Amtshaus – Dokumente, Berichte, Geschichten, Erdachtes. Band II: Was die Steine uns erzählen. Bochum 2010.

Schäfer, Axel; Konegen, Norbert; Hanke, Hans (Hrsg.): Bochum entdecken. 25 Stadtteilrundgänge durch Geschichte und Gegenwart. Essen 2017.

Haftungsausschluss

Trotz intensiven Austauschs mit unseren Gesprächspartnern, gewissenhafter Literaturrecherche und aufmerksamem Korrekturlesen erheben wir weder einen Anspruch auf Vollständigkeit noch auf Fehlerlosigkeit. Wir haben streng darauf geachtet, keine Urheberrechte zu verletzen, unsere Recherchen sind nach bestem Wissen und Gewissen erfolgt. Dennoch übernehmen wir keinerlei Gewähr für die Aktualität, Korrektheit oder Vollständigkeit der bereitgestellten Informationen. Haftungsansprüche gegen uns schließen wir grundsätzlich aus.